KB007004

춘애 언니의 유니크한 패션 아이템

나만의 개성을 살리면서도 스타일리시하려면 전체적인 스타일 가운데 어느 하나는 고집스러운 자기만의 유니크한 아이템을 정해 계속 유지하면 좋다. 춘애 언니의 빨간 안경을 비롯한 컬러풀한 아이템 사랑을 살펴보자!

WOMAN
GREY
우먼
그레이

빨간 안경 단발머리 60대 춘애 언니의 감성 충만 우먼 라이프
우먼 그레이

초판 1쇄 인쇄 2020년 2월 14일
초판 1쇄 발행 2020년 2월 20일

지은이 변춘애

발행인 백유미 조영석
발행처 (주)라온아시아
주소 서울특별시 서초구 효령로 34길 4, 프린스효령빌딩 5F

등록 2016년 7월 5일 제 2016-000141호
전화 070-7600-8230 **팩스** 070-4754-2473

값 14,800**원**
ISBN 979-11-90233-53-8 (04320)

※ 라온북은 (주)라온아시아의 퍼스널 브랜드입니다.

빨간 안경 단발머리 60대 춘애 언니의 감성 충만 우먼 라이프

변춘애 지음

RAON BOOK

프롤로그

20대에는 30대 선배가 엄청 꼰대같이 느껴졌고, 30대가 되어보니 40대만 돼도 시대에 뒤떨어진 사람들로 보였다. 나이 들면 소위 '갬성'까지 완전히 소멸될 거라는 막연한 짐작을 했다. 막상 내가 나이 들어보니 그런 감성이 소멸된 것은 결코 아니다. 젊을 때의 미숙함에서 숙성한 무언가가 더해지면서 더 깊고 색깔이 조금 다른 감성들이 차고 넘친다. 살면서 결코 미리 경험할 수 없는 것 두 가지가 나이를 먹는 것과 죽음이 아닌가 싶다. 그 나이가 되어보지 못하니 나이에 대한 편견을 가지게 되는 것이다.

처음 CBS(기독교 방송)에 입사했을 때는 나한테 맞는 옷이 아니라고 생각했다. 옷차림이 발칙하다고 목사님(CBS에는 사목이 상주)에게 지적받기도 했다. 입사 후 두 달쯤 지났을 때 뒤늦게 입사한 남자 특채 사원들 때문에 월급이 깎이는 일도 있었다. 여성이며 기혼에 아이 엄마라는 이유로 진급에서 누락되었다는 황당한 설명도 들어야 했다.

후배들이 방송을 잘할 수 있도록 혹독하게 훈련을 시키다 욕도 엄청 먹었다. 피디(PD)들한테는 까다로운 진행자였고, 피디였을 때는 진행자에게 어려운 선배였다. 1980년 방송사 통폐합의 소용돌이 속에서 KBS로 '헤쳐 모여'를 할 때 TBC, DBS는 아예 없어졌지만, CBS는 보도와 광고 기능만 없애고 종교방송으로 남았다. 떠나갈 사람과 남을 사람이 갈리던 그 시점에서 회사가 날 붙잡아준다는 자부심으로 CBS에 남았는데, 다른 사람들과 심지어 타방송사 사람들까지도 왜 안 오고 거기 있냐고. 그러다 보니 엇! 내가 뭔가 잘못된 선택을 한 걸까 싶은 생각도 들고 후회스러운 마음도 들었다.

돌아보면 어려운 일도 많았다. 늘 이것을 해야 하나, 말아야 하나 두 갈래 길에서 고민했다. 아이를 봐줄 사람이 없어 그만두어야 하나 갈등하면서 지내다 세월이 흘러 어느새 CBS 여성 정년 1호가 되었다.

"최선만이 최선인가? 차선도 최선일 수 있는 것이 인생이다."

'어차피 인생은 외길이다. 똑같은 상황에서 다시 선택할 기회는 없다. 그렇기에 내 선택을 존중하며 후회하지 말자!' 이것이 내 인생관이 되었다. 삶을 과거, 현재, 미래로 나누지만 내 삶은 현재뿐이다. 과거는 현재가 쌓여 지나갔고, 미래는 현재를 잘 살면 주어진다. 그래서 어쩌면 장기적인 계획을 못 세우고 미시적으로 살았는지는 모르겠다.

혹시 은퇴 후의 삶을 어떻게 해야 할지 고민하는 분들이 있다면 지금부터 뭔가 차근차근 실천하라고 권하고 싶다. 걱정만 하다가 시간은 화살처럼 흘러가니까.

오늘 새벽에 수영을 하다 또 다른 진리가 생각났다.

"몸에 힘을 지나치게 주면 물에 빠져버리지만 힘을 빼면 물에 뜬다. 힘을 빼고 현재의 나를 사랑하고 충실하라. 이것이 과거가 되고 미래의 거름이 된다."

살다 보면 크든 작든 시련과 어려움이 닥치게 마련이다. 하지만 지나고 보면 꼭 필요한 과정이었음을 깨닫는다. 만족스럽기만 한 직장도, 사람도 없다. 늘 만족한다면 더 이상 발전할 수 없을 것이다. 사장 탓, 윗사람 탓, 동료 탓, 아랫사람 탓하며 시간을 보내면 인생이 너무 아깝다. 뒤돌아보면 위기일 때가 바로 기회였다.

인생도 운전하고 비슷하다. 아무리 열심히 조언하고 이끌어줘도 내가 직접 운전대를 잡지 않으면 제대로 차를 운행할 수 없다. 조언과 충고를 해줄 수는 있어도 대신 살아줄 수는 없지 않은가?

'청년기에는 이래야 돼', '노년기에는 이래야 돼'라는 의미가 퇴색한 지 오래다. 결혼 적령기, 출산 적령기, 퇴직 적령기와 같이 통과 의례라고 생각했던 일들의 경계가 희미하다. 한 후배의 어머니는 BTS의 팬이다. 온라인으로 그들의 생활을 엿보고 라이브를 보기 위해 밥 먹는 시간까지 미룬다. 학교 선생이었던 친구는 자신이 어떤 존재인지 찾겠다며 혼자 스페인 산티아고 순례길을 떠났다. 또 다른 동료는 시니어 모델을 준비하며 지금까지 살아온 인생과는 다른 길을 가고 있다. 나보다 훨씬 더 짱짱하게 정열적으로 사는 언니들도 많다.

'이 나이에 무엇을 할 수 있을까?' 하는 자괴감에 빠질 필요 없다. 이 나이에도 열정적으로 무언가를 할 수 있다. 인생 2막에도 더 성숙한 두 번째 꽃을 피울 수 있다. 지내놓고 보면 별거 아닌 일도 커다랗게 다가오는 것이 인생이다. 미래에 대한 불확실성이다.

대학을 졸업하기도 전에 방송사에 들어가 집안일과 자녀 양육을 병행하면서 고군분투하다 보니 제대로 놀아보지도 못하고, 인생 2막을 준비하지도 못한 채 은퇴하고 말았다. 조금 더 일찍 준비했더라면 훨씬 더 보람 있고 즐거운 인생을 살 수도 있었을 텐데 하는 아쉬움이 있다. 오스카 와일드는 "나이 드는 것이 비극적인 이유는 우리가 사실은 젊기 때문이다"라고 말했다. 마음속에는 아직 소년 소녀를 품고 사는데 나이에 맞는 행동을 강요하는 사회 앞에 우리는 당당해질 필요가 있다. 나만의 색깔은 과연 무엇일까? 자신만의 색을 찾아보면 어쩌면 단점이라고 생각했던 것들이 장점으로 바뀌면서 나의 인생에도 새로운 돌파구가 열리지 않을까?

사실 내가 태어나는 시기와 장소를 선택해서 세상에 나오지 못한다. 더불어 원하는 날에 원하는 스타일로 죽지도 못하는 게 동서고금의 진리다. 우연히 주어진 일이라도 올바르게 받아들이고 자신의 것으로 만들어서 인생의 돌파구를 만들어가는 지혜가 그래서 더욱 필요하다. 뭔가 주어졌을 때 그것을 제때 잡아서 내 색깔을 칠해서 내 것으로 만들어보자.

어서 와, 이 나이는 처음이지?

1장

당당함으로 패션을 완성하라

2장

내게 던져진 순간 내 것으로 만들어라

3장

건강하고 스타일리시하게 살아가려면

4장

새로운 관계 맺기를 두려워하지 마라

5장

가슴을 뛰게 하는 것들을 찾아라

1장

★

당당함으로 패션을 완성하라

★

내가 빨간 안경을 사랑하는 이유

언제 해보겠는가? 인생은 짧다.
한번 지나가면 오지 않는다.

나는 일찍이 나만의 개성을 빨간 테 안경으로 특화했다. 나는 평범한 얼굴이다. 미인도 아니고, 그렇다고 아주 못생기지도 않은 그저 그런 외모다. 여러 번 만나도 기억하기 힘든 얼굴이랄까? 더구나 어릴 때는 매우 소심하고 튀는 것을 좋아하지 않았다. 외향성과 내향성, 소극성과 적극성 등 서로 대비되는 자아들이 부딪히며 어느 쪽이 더 많이 표출되는가에 따라 성격이 규정됐다.

대학 시절 방송사 아나운서 시험을 준비하면서 부족한 점이 많았지만 그중 외모가 가장 자신 없었다. 고등학교 때까지 인생 최고의 몸무게를 찍었지만 대학을 다니면서 살이 빠져 몸매는 그럭저럭했다. 하지만 작은 눈은 어찌할 수가 없다. 콘택트렌즈를 끼면서 눈이 약간 커 보이기는 했지만 외꺼풀로는 한계가 있었다. 수술은 엄두가 나지 않았고 포토샵도 없을 때였다. 얇은 눈꺼풀에 테이프를 붙여서 쌍꺼풀을 만들고 사진을 찍어서 입사지원서를 내곤 했다.

CBS 입사 후 방송을 하다 만난 성형외과 의사에게 쌍꺼풀 수술에 대해 진지하게 상담했다. 그런데 좀 쌀쌀한 인상에 쌍꺼풀까지 있으면 눈이 더 사나워 보일 수 있다는 말에 곧바로 포기했다. 세월이 흐르니 오히려 자연스럽게 쌍꺼풀이 생겼고, 눈 화장으로 포인트를 주었다.

남편과 연애할 때는 콘택트렌즈를 하고 있었기에 내 눈이 나쁘다는 것을 굳이 말할 필요도 없었다. 그러던 어느 날 데이트 도중 렌즈가 빠져서 온 길바닥을 더듬어 찾는 소동이 벌어진 다음에야 남편이 알게 되었다. 알고 보니 남편은 결혼 상대의 조건 중 하나가 눈이 좋은 여자였다고 한다.

안경잡이로 불리던 시절

초등학교 때부터 눈이 급격히 나빠져 급기야 6학년 때 안경을 맞췄다. 당시는 1,000명 가까운 전교생 중에서 안경을 끼는 아이가 몇 명 없었다. 나에게는 금세 안경잡이라는 별명이 붙었다. 오히려 안경 끼는 것이 부러운 친구 한 명은 일부러 눈이 나빠지려고 햇빛을 정면으로 쳐다보기도 했다.

안경을 벗고 콘택트렌즈를 끼기 시작한 것은 대학교 4학년에 올라가 취업 준비를 할 때였다. 대부분의 경우 더 이상 콘택트렌즈를 낄 수 없는 시기가 오는데 나는 좀 일찍 온 편이었다. 둘째를 낳은 뒤부터 계속 눈에 문제가 생기면서 단백질이 많이 껴서 콘택트렌즈를 낄 수 없는 상태가 되었다.

다시 안경을 낄 수밖에 없었다. 어떤 사람은 안경에 시선이 집중되는 것을 피하기 위해 무테라든가 얼굴 전체를 살리는 스타일의 금테나 은테 안경을 선택한다. 나도 처음에는 그랬다. 그러다 차라리 안경으로 쏠리는 시선을 이용해 나를 어필하는 것은 어떨까 하는 생각이 들었다.

컬러풀한 안경테에 빠진 이유

그때 고른 것이 빨간 안경테였다. 보통 사람들이 자기 얼굴에 잘 어울리는 무난한 안경을 고를 때, 나는 안경으로 나를 기억하는 쪽을 선택했다.

그동안 나를 스쳐 간 빨간 안경테들이 수없이 많다. 1990년대만 해도 빨간 안경테가 거의 없었다. 게다가 빨간색은 햇빛에 노출되면 금방 색이 바랜다. 어쩌다 빨간 안경테를 발견하면 한꺼번에 두 개를 사두곤 했다.

그러던 어느 날 빨간 안경테를 갑자기 탈피하고 싶은 생각이 들었다. 그 후로 하얀 테의 동그란 안경, 주황색, 민트색, 노란색 등 다양한 색으로 바뀌었다. 안경은 기분이나 패션에 맞춰 또 다른 액세서리로 자리매김했다.

안경도 유행이 있다. 알이 큼직한 잠자리 안경이 휩쓸다가 존 레논이 썼던 알이 작고 동그란 안경이 유행했다. 한동안 빨간 안경테를 쓰지 않았던 나는 다시 빨간 테의 동그란 안경을 그리워하기 시작했다.

명동의 안경점에서 속칭 김구 안경이 눈에 들어왔다. 영국의 블랙아이웨어(Black Eyewear) 브랜드였는데, 하얀색과 자주색밖에 없고 가격도 비싸서 포기했었다. 마치 이별한 옛사랑이 떠오르듯이 자꾸 생각나서 다시 찾았지만 이미 안경점은 사라지고 없었다.

영국의 소규모 안경 브랜드인 블랙아이웨어를 취급하는 안경점이 우리나라에는 없었다. 웹으로 검색해 원하는 빈티지 스타일의 동그란 안경을 찾기는 했지만 가격이 너무 비싸 선뜻 살 수가 없었다. 그 안경을 마음에 두고 찾아다닌 끝에 우연히 카스텔바작의 안경을 발견했다. 또다시 빨간 안경테가 내 얼굴을 장식했다.

그러던 어느 날 영국 이베이에서 경매로 나온 블랙아이웨어를 발견했다. 빨간색과 호피 무늬 두 가지의 선글라스 스타일이었다. 망설이지 않고 경매에 참여했다. 경매가 끝나고 내 손에 들어오기까지 한 달 정도 걸렸다. 새 제품의 가격은 300파운드가 넘었는데 절반 가격에 낙찰받았다. 택은 없고 흠집이 약간 있었지만 많이 쓰지 않아 보였다. 모델 이름은 몽크! 내가 원하던 디자인이었다.

나이가 들었다고 해서 점잖은 디자인의 안경을 써야 하는 것은 아니다. 나이가 들어 주름진 얼굴에는 오히려 안경에 포인트를 주는 것도 좋다. 남들이 뭐라고 하든 나만의 스타일로 자신을 꾸며보자. 더 나이가 들더라도 내가 살아 있는 한 컬러풀한 안경을 포기하지는 않을 것이다.

단발머리와 노랑 머리

전체적인 패션 스타일 가운데 어느 하나는
고집스런 자기 스타일을 유지하라!

고등학교를 졸업할 때까지 유행하고는 무관하게 살았다. 중·고등학교 때는 교복을 입었으니 유행에 신경 쓸 필요가 없었다. 다만 멋쟁이 이모가 사주는 옷을 입는 정도였다. 직접 패션을 선택하기 시작한 것은 대학 때였고, 방송사에 입사하면서 본격적으로 나만의 패션을 즐겼다. 새로운 유행을 시도해보는 즐거움이 쏠쏠했다. 나의 새로운 재능을 뒤늦게 발견했다고나 할까

유행의 메카 명동을 느끼다

외국 관광객이 주로 찾는 오늘날의 명동은 한때 유행의 메카이자 젊은이들의 핫플레이스였다. 홍대와 강남의 압구정, 청담동이 뜨기 이전이었다. 유명한 디자이너 숍이나 옷가게, 각종 미용실의 본점이 명동에 있었으니 유행의 시작 지점이라고 할 수 있었다. 별일 없어도 친구 또는 동료들과 거의 매주 한 번은 명동 거리를 활보했다. 요즘 젊은이들이 강남이나 홍대를 찾는 것과 비슷했다.

나는 이마가 납작하고 뒤통수가 아닌 머리 양옆이 볼록해서 짧은 커트가 어울리지 않는다. 그때 명동의 미용실에서 유행하는 헤어스타일로 머리를 했다. 핀컬파마부터 뽀글뽀글 흑인 파마, 심지어 윤시내의 '열애'가 한창 인기를 끌 때 가닥가닥 땋는 스핑크스 스타일의 일명 윤시내 파마도 해봤다. 얼마나 폭신한지 내 머리카락을 만져보고 싶어 하는 동료들이 있을 정도였다.

1970년대 단발머리를 유행시킨 1세대 헤어스타일리스트 그레이스 리가 인기였다. 나는 헤어드레서에게 맡긴 해도, 유명 아티스트는 피한다. 내가 원하는 대로 해주기보다는 그들의 스타일을 권하기 때문이다. 다양한 헤어스타일을 거쳐서 자리를 잡은 것이 단발이다. 단발의 길이나 형태는 유행에 따라 조금씩 바뀌지만 기본 스타일은 변함없다. 거기에 머리 색으로 나의 개성을 입혔다.

단조로운 단발에 색깔로 개성 입히기

새카만 머리색은 피부색이 돋보이지 않는다. 어딘가 강하면서도 세련된 느낌이 들지 않는다. 내 머리는 비교적 까만 편이다. 미용실 염색도 다양하지 않고 비용도 부담스럽던 시절에 머리색을 좀 연하게 만들기 위한 방법이 있었다. 맥주에 머리를 감는다든가, 과산화수소를 바르는 것이다.

오랫동안 해본 결과 비교적 머리카락이 덜 손상되면서 예쁜 색을 내는 것은 과산화수소이다. 너무 많이 바르면 머리가 부석하고 색이 너무 많이 빠져서 천박해 보인다. 하지만 적절한 양을 발라주면 고급스러운 색을 낼 수 있다. 마른 머리에 칫솔과 촘촘한 빗으로 과산화수소를 발라주면 자연스러운 갈색이 된다. 머리가 자라면 뿌리 부분만 다시 발라주면 된다.

1990년대에 염색 기술도 좋아지고 색깔도 다양해지면서 일부만 밝게 색을 빼주는 브리지가 유행했다. 나도 자연스럽게 염색의 세계로 들어갔다. 요즘은 뿌리 부분에 색깔 있는 실을 넣어서 땋기도 하는데, 여러 가지 색깔의 부분 브리지를 살짝 붙여서 스타일을 완성한다.

왜 노랑 머리였나?

흰머리를 검게 염색하는 대신 검은 머리를 밝은 갈색으로 바꿨다. 한동안 밝은 갈색 머리와 브리지를 하고 다니자 '빨강 안경'과 '노랑 머리'라는 별명이 붙었다. 주황색에 가까운 갈색이었는데, 영화 〈노랑 머리〉가 히트하면서 그렇게 불렀다. 헤어스타일은 단발머리를 유지했고, 파마는 거의 하지 않았다.

우리 집안은 유전적으로 머리가 빨리 세는 편이다. 나이가 점점 더 들면서 검은 머리보다 흰머리가 훨씬 더 많아지자 결국 밝은 갈색을 포기하고 흰머리를 염색해야 했다. 노랑 머리 시절은 끝났다. 멋내기 염색이 아닌 새치 염색으로 가장 밝은색을 선택했다.

나이 들면 모발에 힘이 없어 긴 머리는 관리하기도 힘들다는 이유로 짧은 파마를 주로 한다. 일명 아줌마 파마이다. 물론 개인의 취향이지만 난 절대 사절이다. 내가 나를 규정하는 데 헤어스타일도 엄청 중요한 요소이니까.

패션 꽝이던 내가
패셔니스타라고?

오늘 해보자!
오늘은 다시 돌아오지 않는다.

편한 것만 찾다 보니 천편일률적인 옷차림이 개성을 죽이는 경우가 많다. 나이가 들었다고 해서, 배가 좀 나왔다고 해서 가리기에 급급하다. '이 나이에 이런 게 어울릴까?' 하는 생각을 버리자. 나는 오히려 반대로 생각한다. 이런저런 눈치 보느라 해보지 못한 것을 나이 들어서 과감하게 실천해볼 수 있지 않을까?

패션 열등생이 패션에 눈뜬 이유

나의 패션 멘토는 할리우드 배우 잉그리드 버그만을 닮았던 이모였다. 이모가 물려준 옷이 내 패션 센스의 시작이었다.

미제, 일제, 홍콩이나 마카오에서 수입된 물건들을 동경하던 시절 미제 장사 아줌마들이 파는 것들로 멋을 내던 이모 덕분에 뭔가 독특하고 유니크한 것을 입을 수 있었다. 뒤집어입은 것처럼 시접이 밖으로 나온 블라우스도 있었다. 온갖 프랑스어가 프린트되고 양면으로 입을 수 있는 트렌치코트도 있었다. 멋쟁이 이모가 사준 옷이었다. 이모 덕분에 패션에 대한 안목이 넓어졌다고 할 수 있다.

섬유 산업이 우리나라 산업화의 기틀이 되었던 1970년대만 해도 청바지를 구하기 어려웠다. 어쩌다 미국에서 건너온 청바지를 손에 넣으면 주야장천 그것만 입고 다녔다. 요즘은 일부러 구멍을 내지만 그때는 낡아서 구멍이 날 때까지 입었다.

외국 수출용으로 제작했는데 수출에 적합하지 않아 내수용으로 풀린 옷을 보세라고 한다. 시간이 날 때마다 보세를 파는 동평화시장 일대를 돌아다니며 유니크하면서도 저렴한 구두나 옷을 찾았다.

신세계백화점과 롯데백화점이 들어서기 전 미도파백화점을 중심으로 유행을 선도했던 명동에서 올해 유행 스타일을 엿보며 나만의 스타일을 계속 만들어나갔다.

유행을 선도할 만큼 용감하지는 못했다. 게다가 1970년대 CBS는 무척 보수적이어서 입사한 지 얼마 되지 않았을 때 회사에 청바지를 입고 온다고 사목에게 충고성 야단을 맞기도 했다.

보세 통가죽 부츠를 신고 가자 사람들이 도날드 덕 같다고 놀리기도 했다. 앞모양이 오리주둥이처럼 생겨서 그렇게 보였던 것이다.

누런 통가죽 부츠에 어깨를 과도하게 강조하는 패션이 유행하기 시작했다.

맞춤 양복 상의를 입고 출근하면 삼촌 가다마이(일본말로 양복 윗옷)를 줄여 입었냐는 우스갯소리를 들었다. 도리우찌라고 불리던 헌팅캡까지 쓰고 명동에 나가면 사람들이 뒤돌아보거나 빤히 쳐다봤다.

'방금 샀지만 10년을 입은 듯한, 10년을 입어도 방금 산 듯한'이라는 광고 카피가 한동안 유행했지만 나에게는 맞지 않았다. 그런 옷은 모든 것을 갖춘 사람들이 은은한 멋을 내기 위한 것이다. 평범한 것으로 임팩트를 주기에는 몸매나 얼굴이 받쳐주지 못했다.

너무 평범한 옷은 오히려 오래 입지 못한다. 유행이 돌아온다고 하지만 조금씩 달라지기 때문에 스타일이 나지 않는다. 그러나 유니크하고 파격적인 디자인의 옷은 몇십 년이 지나도 낡아 보이지 않고 멋스럽고 독특한 스타일을 연출할 수 있다.

유행에 따라 나를 표현하는 방법도 계속 바뀌었다. 한동안 앙드레 김 스타일의 화려한 문양이 장식된 옷을 입었고, 금박이나 은박, 핫핑크, 보라색의 번쩍이는 글리터 소재를 애용하기도 했다. 물론 상하의 모두 그렇게 입어서는 안 된다. 윗옷이 글리터 소재라면 하의는 검은색으로 매치하고, 핫핑크 스타킹을 신으면 윗옷은 흰색으로 믹스 앤 매치를 잘해야 한다.

해외의 메이커를 먼저 걸쳐볼 만한 수준은 아니었다. 가격 대비 효과 면에서 최선보다는 차선을 선택한 것이다. 가요 프로그램을 진행하면서 공개방송도 다니고 무대에 서기도 하면서 일명 반짝이 옷을 좋아하게 되었다.

반짝이 옷으로 기분을 내던 시기가 지나자 프랑스 샹송 가수 에디트 피아프나 줄리엣 그레코 스타일의 차분한 검정 옷이 한동안 옷장을 채웠다.

과감하게 나를 드러내자

나이 들수록 더 호기심을 가지고 도전하자. '그렇게 입으면 사람들이 뭐라고 하겠어?' 라고 생각하는가? 남이 뭐라고 하든 대수인가. 펑퍼짐한 옷을 입는다고 해서 덜 뚱뚱해 보일까? 몸매는 완전히 가려지지 않는다. 그럴 바에는 어느 정도 드러내자. 물론 20~30대 스타일을 그대로 흉내 내라는 것이 아니다. 나에게 적합한 스타일을 고민하자. 인생은 길다면 길고 짧다면 짧다. 지금 아니면 언제 해보겠는가? 내일로 미루다 보면 영영 하지 못한다. 무엇이든 해보고 싶을 때, 바로 오늘 해보자.

매 순간 어떤 옷을 입을지 생각하면 설렌다

다양한 옷들을 경험해라!
거울에 비친 나를 계속 봐라.

바쁜 일상 속에서도 자신만의 힐링 포인트가 있다. 사람마다 다르겠지만 나는 '내일은 무슨 옷을 입을까?' 고민할 때 가장 행복하다. 저녁에 잠자기 전 옷장을 들여다본다. '오늘은 검정색 옷을 입었으니 내일은 조금 더 밝은색을 입을까?' '비가 온다고 하니 간편하게 반바지를 입을까?' '그래도 공식적인 만남이 예정되어 있으니 회색의 포멀(formal, 격식을 차린)한 반바지에 검정색 정장 재킷을 걸치면 무난하면서도 유니크하겠군.' 이런 식으로 내일 입을 옷을 정하고 잠자리에 든다. 물론 다음 날 아침 일어나 옷장 문을 열면 마음이 바뀌지만.

옷 정리는 색깔별로 해야 효율적이다

사계절이 뚜렷한 기후에는 갖춰야 할 옷의 종류가 많다. 미국 캘리포니아에 사는 사람들은 겨울에도 많이 춥지 않아 옷 종류도 다양하지 않다. 하지만 우리나라는 한여름 무더위에 입는 옷부터 한겨울 영하 20도에 입는 두꺼운 옷까지 갖춰야 한다.

사계절로 지루할 틈이 없어 좋다는 사람들도 있다. 우리나라 포크송의 대부 한대수 씨는 뉴욕에서 살다 캘리포니아로 이주했는데 계절의 변화가 거의 없는 LA가 싫어서 다시 동부인 뉴욕으로 돌아갔다고 했다.

어릴 때 어머니는 계절이 바뀔 때마다 식구들의 옷을 정리하는 것이 큰 집안일 중의 하나였다. 나는 사계절의 옷을 한꺼번에 넣을 수 있는 옷장을 가지는 것이 꿈이었다. 지금 사는 집으로 이사하면서 그 꿈을 실현했다. 12자 넘는 옷장을 내 옷으로 채웠다. 집에서 주로 작업하던 남편의 서재 붙박이장은 남편 옷으로 채웠다. 옷장을 독립시킨 것이다.

그럼에도 옷은 계속 불어나 옷장이 차고 넘친다. 계절이 바뀔 때마다 정리하고 버려야 하는데 쉽지 않다. 정리 전문가들의 말에 따르면 2년 이상 입지 않은 옷은 남에게 주든가 버리라고 한다. 하지만 버리고 몇 년이 지나면 꼭 생각나는 옷들이 있다.

분명 입고 싶어서 샀는데, 거의 입지 않고 옷장을 지키다 장렬히 전사하는 옷들도 있다. 세일을 한다고 하니 횡재하는 기분으로 샀거나 썩 내키지 않는데 종업원의 권유나 주위 사람의 부추김으로 구입

한 것들이 대부분이다.

날 입어 주세요!

여행을 떠날 때가 가장 문제다. 허용된 무게는 정해져 있고, 가져가고 싶은 옷은 넘친다. 될수록 부피를 줄여야 하는데, 옷장 속의 옷들이 자신을 선택해달라고 외치는 듯하다.

"나도 데려가 주세요. 저녁에 혹시 추우면 걸쳐야 하잖아요? 사진이 잘 나오려면 나 같은 연두색이 제격이에요. 기분 전환에 내가 필요할 거예요."

여행 짐을 단출하게 꾸려야지 다짐을 거듭해도 가방은 항상 차고 넘친다. 집을 나서기 직전까지 필요한 옷들이 자꾸만 머릿속에 떠오른다. 아무리 귀찮아도 어떤 옷을 입을지 고민에 빠지는 순간이 행복하다.

젊을 때 미인이라도 나이 들면 소용없다는 이야기가 있다. 하지만 개성 있고 유니크한 패션 감각을 지니고 있다면 멋있는 할머니가 될 수 있다. 《나이 들수록 인생이 점점 재밌어지네요》의 저자 와카미야 마사코는 이런 지적을 했다.

"이 나이에 무슨 화려한 옷이냐며 화려한 옷을 꺼리는 사람도 있다고 하네요. 그러나 시니어가 해서 안 되는 일은 하나도 없습니다."

매년 트렌드에 따라 아주 심플한 것이 좋을 때가 있고, 어느 해에는 번쩍거리는 장식이 눈에 들어온다. 어떤 때는 검정색이 마음에와 닿고 즐겨 입던 빨간색이 촌스럽게 느껴질 때도 있다. 내 마음이 더 많이 가는 대로 선택하면 된다. 죽을 때까지 지금의 마음이 변하지 않는다면 나의 스타일을 유지해나갈 것이다.

유명 메이커가 아니어도 괜찮아

명품에 나를 묻어가려 하지 말자! 개성을 살리는 독특한 스타일로 당당하게 나를 무장하라.

밋밋한 옷에 포인트를 주면 유니크하게 바뀐다

한때는 도매점에서 흰색 셔츠를 사서 갖가지 펜던트나 배지, 자수 등을 붙여 독특하게 꾸미거나 페인팅으로 탈바꿈시켜 되팔면 어떨까 하는 생각을 한 적이 있다.

패션에 관심을 가지면서 더욱 신경 쓰는 것은 액세서리다. 한동안 동대문 종합상가 4층 액세서리 매장을 내 집처럼 드나들었다. 비즈 장식과 코사지, 단추, 펜던트……. 거기에 들어가면 요즘 유행하는 스타일을 알 수 있다. 한동안 코사지가 넘치더니 요즘은 은 제품이나 비즈를 이용해 자신만의 팔찌나 귀고리를 만드는 가게들이 많아졌다.

내 옷장에 명품은 거의 없다. 옷이든 액세서리든 명품이나 유명 브랜드보다 유니크한 스타일을 좋아한다. 명품이란 오랜 기간 상품 가치와 브랜드를 인정받은 고급품을 일컫는다. 이런 명품은 기업의 고급화 전략과 맞물려 상당히 높은 가격대를 형성한다. 사람들이 품질보다 브랜드 네임에 집착하는 경향이 크다는 점을 이용해 높은 가격을 책정해서 고객의 허영심을 채우는 마케팅이다.

본래 명품은 당대의 타사 제품들보다 우월한 점을 내세워 부유한 상류층을 상대로 판매했다. 하지만 공산품 생산 기술이 일정 수준 이상 발전하면서 고도의 기술력이 요구되는 정밀기기가 아닌 한 품질의 차이가 거의 없다. 특히 의류나 잡화류는 명품과 일반 공산품의 수준이 비슷하다. 유명 디자이너 브랜드나 명품이라고 해도 품질의 차이가 크지 않다. 심지어 모조품과 진품을 구분하기도 어렵다.

명품은 허영 마케팅?

한국산 짝퉁이 명품 브랜드 제품과 맞먹는 품질을 자랑하는 경우도 있다. 이런 것을 만드는 사람들이 제대로 대접받았다면 한국에서도 명품 브랜드가 여럿 나왔을지 모른다. 지적재산권보호센터의전문가들조차 진품과 구분하기 힘든 수준이라는 이야기도 있다.

모조품 불법 제조 혐의로 검거된 한 장인은 "내 기술에 자신 있지만 유명 메이커가 아니라 제대로 대접받지 못해 수입이 적고 생활이 어려웠다"고 고백했다. 품질만으로 승부를 본다면 이들도 얼마든지 자신의 이름을 걸고 제대로 된 물건을 만들어낼 수 있었을 것이다.

A급 짝퉁을 파는 이태원의 숍에서는 아직도 비공개로 마치 비밀 작전을 하듯 모조품을 팔고 있다. 이제는 명품 메이커들도 공장을 홍콩에서 중국으로, 중국에서 베트남이나 인건비가 저렴한 다른 나라로 옮겼다.

명품을 지니는 심리는 아무래도 자기과시욕에서 비롯된다. 제품 자체의 질이 좋다 하더라도 가격 대비만큼은 아니다. 명품은 특히 혼수 시장에서 우위를 차지한다. 혼수로 샤넬 가방을 받아야 시집을 잘 갔다는 소리를 듣는다. 샤넬 가방은 여성들 사이에서 샤테크로 불리기도 한다. 가격을 매년 20~30퍼센트 인상하기 때문에 몇 년 들다가 중고로 팔아도 제값보다 더 받을 수 있다.

명품 가방과 관련해 재미있는 이야기가 있다. 유치원 자녀를 둔 엄마들 모임에 샤넬 가방을 들고 나갔는데, 누군가 실수로 커피를 쏟았다. 미안하다며 변상하려고 보니 600만 원짜리였다. 고가의 가방을 변상하는 문제로 남편들까지 합세해 법정 다툼을 벌였는데, 알고 보니 모조품이었다고 한다.

우리나라의 명품 수입업체는 마진을 너무 많이 붙여서 판매한다. 해외여행이 일반화되면서 국내에서 너무 비싸게 판매되고 있다는 사실을 소비자들이 알게 되었다. 프랑스 여행을 가면 샤넬이나 루이비통을 구매 대행하는 아르바이트도 있다. 간혹 나에게도 구매대행을 해달라는 스팸문자가 온다.

이제는 한 회사가 명품을 독점 수입해서 판매하지 않는다. 더구나 해외 직구로 사면 훨씬 저렴하게 명품을 손에 넣을 수 있다. 값비싼 명품이 소수의 사람들에게 특권 의식을 주던 시대는 끝났다. 이제는 명품보다 남들이 가지지 않은 독특한 것들을 소유하려는 욕구가 더 강하다. 어떤 메이커와 라벨이 붙어 있느냐보다는 내가 매력을 느낄 수 있는 디자인과 스타일을 따진다.

휴대폰이 보편화되면서 사람들이 거의 시계를 차고 다니지 않는다. 나는 시계를 무척 좋아한다. 심지어 시계 디자이너가 되고 싶을 정도로 관심이 많았다. 명품 카르티에(예전에는 우리나라에서 카르체라고 불렀다) 시계를 가지고 싶었던 적이 있었다. 동생이 시계 숍을 하다 보니 명품 시계도 조금은 거품이 빠진 가격으로 구입했다. 특별한 디자인과 모양이 눈에 띌 때마다 사들이다 보니 시계 서랍이 꽉 차 있다.

남자들은 구두, 벨트, 가방, 시계 정도로 패션 액세서리가 비교적 단순하다. 특히 시계는 신분 과시용으로 많이 차고 다닌다. 젊은 부자들은 보석이 박혀 있거나 장인이 만든 수제 명품 시계로 패션을 완성한다.

반면 여자들은 모자, 반지, 귀고리, 목걸이까지 패션 액세서리가 너무나 다양하다. 보석함에는 혼수로 산 다이아 반지, 목걸이, 귀고리, 그리고 예뻐서 사들인 아이템들이 즐비하다. 하지만 나이가 들수록 액세서리가 거추장스러워지기 시작했다. 치렁치렁 나를 구속하는 것 같다.

손가락 관절염이 생기면서 통증을 줄이기 위해 은으로 만든 수지 반지를 끼는 것 외에 귀고리도 거의 하지 않는다. 계절에 따라, 옷 색깔이나 패션에 따라 걸치던 액세서리들이 서랍장에서 잠자고 있다.

인디언 핑크는 사절합니다!

영국 〈데일리 메일〉이 한국인의 초능력이라고 표현한 눈치!
나이 들수록 눈치 빠르게 트렌드를 캐치하자.

세상은 흑백이 아닌 컬러다. 색은 불가사의한 힘을 가지고 있다. 벽지의 색을 조금만 바꿔도 방이 넓어 보이거나 또는 좁아 보인다. 옷 색깔로 그날의 기분을 바꿀 수도 있다. 사람들이 색의 영향을 받는다는 점에 착안해 색으로 몸과 마음을 치유하는 컬러 테라피가 개발되기도 했다. 좋아하는 색이 무엇인지에 따라 성격을 맞히고, 내재된 문제를 끌어내기도 한다.

신선했던 인디언 핑크의 등장

인디언 핑크를 처음 접한 것은 1980년대였다. 톤 다운된 분홍색의 멋스럽고 고급스러운 인디언 핑크는 선풍적인 인기를 끌었다. 분홍색을 선택하기 주저할 때 인디언 핑크가 살갑게 다가왔다. 사전적 의미로는 약간 우중충한 분홍이라고 한다. 유행에 민감했던 나는 인디언 핑크 옷이나 장신구를 무척 좋아했다.

미국의 색채 전문 기업 팬톤은 2000년부터 그해의 유행 색을 정한다. 패션에서 올해의 색은 세계적 기업의 상업적 논리로 정해지고, 몇몇 디자이너가 유행을 좌지우지하는 것처럼 보인다. 하지만 한 시대를 대표하는 색채 문화는 동시대의 이상과 대중의 니즈에 내재된 시대적 패러다임이 상호작용한 결과이다.

2019년 색은 상큼하고 활기찬 '리빙 코럴'(Living Coral, PANTONE 16-1546)이었다. 산호색은 살구나무 열매 색인 주황을 띤 분홍색이다. 분홍색과 오렌지색의 중간쯤에 해당한다. 분홍색이 조금 우세하면 코럴 핑크(Coral Pink), 오렌지가 조금 더 두드러지면 코럴 오렌지(Coral Orange)가 된다. 팬톤이 선정한 2020년 올해의 색은 해 질 무렵 하늘을 연상하게 하는 클래식 블루(Classic Blue)이다.

인디언 핑크와 멀어지다

그렇게 신선하던 인디언 핑크가 요즘은 나이 든 여성들의 티셔츠와 바지, 코트 등에 두루두루 쓰이고 있다. 그러다 보니 우중충한 인디언 핑크가 중년이나 노인들의 색이 된 듯하다. 물론 젊은 사람들에게는 어떤 색이든 어울리겠지만 나이 들면 이런 색깔이 더욱 주름지고 나이 들어 보이게 할 수 있다. 그래서 나는 핸드백이나 구두 정도만 인디언 핑크를 선택한다.

서양의 할머니들이 명도나 채도가 높은 옷들을 입는 이유를 알 만하다. 명도가 지나치게 높으면 오히려 그 색만 겉돌 수 있다. 명도가 높은 윗옷을 선택하면 반대로 하의는 회색이나 검정 계열을 입는다. 스커트나 바지를 선명한 것으로 선택하면 윗옷은 차분한 색으로 선택하는 것이 좋다.

통바지 유감

내가 대학교 1~2학년 시절에는 허벅지가 꽉 끼고 무릎 밑에서 퍼지는 그 당시 판탈롱이라고 불린 종 모양의 바지가 유행이었다. 나도 이런 바지를 입고 다녔다. 점잖은 교수님들은 "얘들아, 바지 터지겠다"며 걱정하곤 했다. 남학생들은 소시지통 같다고 면박을 줬다.

대학교 3학년이 되면서 거리 청소를 다 해준다는 통바지가 유행했다. 바지 맨 아래쪽 너비가 30~35센티미터까지 넓은 데다 길기까지 하니 바닥에 끌리는 것이었다.

스타일과 형태가 조금씩 변형되기는 하지만 유행은 돌고 돈다. 몇 년 전부터 갑자기 통바지가 다시 유행하기 시작했다. 특히 아줌마들이 편하고 여름에 시원한 통바지를 즐겨 입었다. 사실 통바지가 편하긴 하다. 그러나 스타일리시한 모습을 연출하기는 힘들다. 몸매가 뛰어난 모델이나 마른 여성이 아닌 한 통바지를 입으면 뚱뚱한 체형을 가리는 효과는 있을지언정 오히려 더 부해 보인다. 거기에 긴 겉옷까지 걸치면 그야말로 옷만 보인다.

등산복 유감

전형적인 아줌마 패션을 피하기 위해 절대 하지 않는 것들이 있다. 첫째는 자수나 반짝이는 소재를 덧댄 청바지를 입지 않는다. 나이 들수록 지나치게 번쩍이는 옷을 입으면 천박해 보인다. 그리고 청바지 위에 등산복 티셔츠와 바람막이는 절대 입지 않는다.

둘째는 정장을 한다고 해도 아래위를 같은 색으로 통일하지 않는다. 그야말로 노티 나는 패션이다. 공무원이나 직장인 청문회에 나설 때나 어울리는 옷차림이다. 격식을 살짝 갖추면서 젊은 감각을 연출하기 위해 청바지 위에 정장 재킷을 입는다.

외국 여행을 하다 보면 옷차림만 봐도 한국인임을 알 수 있다. 동유럽 여행 가이드가 했던 말이 생각난다. 높은 산에 가는 것도 아닌데 등산복을 걸친 사람들은 반드시 한국인이라는 것이다.

등산복은 땀을 흘려도 금방 마르고 가벼워서 한번 입기 시작하면 벗을 수가 없다. 더구나 우리나라는 쏠림 현상이 강해서 옷이든 먹거리든 한번 유행하면 대부분의 사람들이 따라 한다. 유행하는 옷을 걸치더라도 자신의 색을 입혀야 한다. 몇 년 전 검정색 등산복이 유행일 때는 산이 온통 검은 물결이었다.

강추 아이템, 페플럼 스타일

배가 나오고 뚱뚱하다고 해서 몸매를 가리는 헐렁한 옷을 입으면 오히려 더 두루뭉술해 보인다. 몸매를 감추려면 약간 허리가 들어간 디자인의 옷을 너무 꽉 끼지 않게 입는 것이 더 효과적이다.

배를 감추면서도 날씬해 보이고 싶을 때는 페플럼 스타일의 상의를 입는 것이 좋다. 2011년부터 유행하기 시작한 페플럼 스타일은 허리 쪽은 붙고 아래로 내려갈수록 넓게 퍼지는 형태여서 통통녀들의 고민인 뱃살을 효과적으로 가려준다.

전형적인 아줌마 스타일을 피하기 위해 젊은 여성들은 과연 어떻게 코디를 하는지 항상 살펴본다. 물론 그들을 따라 할 수도 없고, 하지도 않는다. 다만 참고할 뿐이다.

아주 짧은 반바지에 허벅지를 드러내는 스타일이 유행한다고 해서 그대로 따라 하면 그야말로 꼴불견이다. 짧은 반바지에 레깅스를 매치하면 훨씬 자연스럽게 가리면서 젊은 감각을 연출할 수 있다. 어느 정도 몸에 붙게 입어야 체형이 덜 두드러진다.

나이 들수록 또래들과 비슷하게 꾸미려고 한다. 그러나 나는 과감히 젊은 감각을 선택한다. 유행을 선도하는 수준은 아니더라도 트렌드를 따르는 것이 젊게 사는 방법 중 하나이다.

내 발에 맞는 구두와 운동화 사이

광고에 현혹되지 말자! 요즘은 제조사의 스폰으로 건강 프로그램에 소개되는 경우가 많다.

여성의 자존심은 하이힐?

멋쟁이들은 패션의 완성이 구두라고 한다. 하이힐은 여성의 자존심이라는 말도 있다. 하이힐의 시초는 16세기로 거슬러 올라간다. 16세기 베네치아의 여인들이 거리의 오물을 피하기 위해 신었다는 높은 굽의 초핀(Chopine, 쇼핀느)이 하이힐의 시작이었다는 설이 있다. 스페인 여자들이 신고 다녔다는 나무로 만든 통굽 신발이 하이힐의 원조라는 의견도 있다.

초핀으로 시작된 하이힐을 오늘날의 형태로 완성시킨 데는 18세기 프랑스의 퐁파두르 부인의 영향이 절대적이었다. 루이 14세는 자신의 다리에 푹 빠진 진정한 나르시시스트였다. 그는 자신의 다리가 돋보이도록 수천 켤레의 구두를 사서 신고 다녔다.

루이 14세의 하이힐을 이어받은 것이 루이 15세의 애첩 퐁파두르 부인이었다. 로코코 문화의 상징이자 당대 문화 예술의 후원자로 이름을 널리 알린 퐁파두르 부인은 진정한 패션 리더였다. 그녀는 굽 높은 구두를 신고 베르사유 궁전의 귀족들을 압도했다. 귀족들은 너나없이 그녀를 따라 했고, 사람들은 퐁파두르 부인의 구두를 '루이힐'이라는 애칭으로 불렀다.

이후 300여 년간 루이힐은 여성들의 발에서 평화와 안식을 빼앗아갔다. 아름다움을 위해서는 약간의 고통쯤 감내해야 한다. 하지만 하이힐을 신으려면 신체 변형까지 각오하는 '단호한 결의'가 있어야 했다.

하이힐을 신고 15분만 걸어도 발가락이 받는 압력은 300킬로파스칼(kPa)이 넘는다. 압력밥솥에서 밥이 끓을 때 압력이 약 70킬로파스칼이다. 이 정도면 하이힐이 얼마나 여성의 발을 혹사하는지 알 수 있다. 그럼에도 불구하고 여성들은 하이힐을 포기하지 못한다. 미국 드라마 〈섹스 앤 더 시티〉에서 길거리 강도가 캐리에게 돈이 아닌 "마놀로 블라닉 구두 내놔"라고 했던 대목이 인상 깊다.

나의 첫 맞춤 구두

별것 아닌 것이 하나의 자존심으로 다가오는 순간이 있는데 높은 구두를 신을 때다. 높은 구두를 신고 사람들을 내려다보면 묘한 쾌감마저 느껴진다. 금강이나 엘칸토, 비제바노 등의 기성화가 지배하기 이전에는 구둣방에 가서 맞춰 신었다. 대학 합격 선물로 이모가 이대 앞에서 사준 것이 첫 맞춤 구두였다. 한동안 내가 좋아하는 구두는 앞에도 굽이 있고 뒷굽이 높은 통굽 스타일의 웨지힐이었다. 키를 커 보이게 하는 높은 구두를 포기하기 어려운데 웨지힐은 활동성까지 있어 좋다. 한때는 작은 구두가 예뻐 보인다는 생각에 약간 작은 사이즈를 신고 다니다 엄지 발톱이 빠지는 수난을 겪기도 했다.

그렇게 몇십 년이 지나자 어느 순간 발이 더 이상 버티기 힘들다고 아우성쳤다. 무지외반증과 족저근막염이 생기기 시작하면서 결국 높은 신발에서 내려올 수밖에 없었다.

나이가 들면 자연스럽게 발이 커진다. 길어지는 것이 아니다. 중력의 법칙에 따라 몸무게의 하중이 발로 내려가면서 발볼이 넓어진다. 나는 235밀리를 신었는데 240밀리로 커졌다. 그런데도 3~4센티 굽을 계속 신었다. 그것마저 발에 부담을 주다 보니 폭이 넓고 쿠션이 있는 운동화가 신발장에 계속 쌓였다.

광고에 현혹되지 말자

나이가 들어서도 높은 신발을 신고 다니는 사람들도 있다. 인간의 수명이 다르듯이 한계치에 이르는 상황이 저마다 다르다. 40~50

대를 지나면서 높은 신발로 인해 발목이나 발바닥에 문제가 생긴다. 다리가 소위 'O' 자형으로 휘거나 무릎에 무리가 간다. 심지어 허리까지 영향을 미친다. 나이가 들면서 척추관 협착증이나 디스크, 척추측만증이 오면 통증 때문에라도 신발을 바꿔야 한다.

건강에 좋다는, 바닥이 둥근 MBT 신발은 마사이족의 걸음걸이를 연구해서 만들었다고 한다. 마사이족은 하루 종일 걷는데도 피곤함과 요통을 느끼지 못하는데, 그들만의 독특한 걸음걸이 때문이라고 한다. 된장 아저씨로 알려진 스위스인 칼 뮐러 씨가 논두렁 밭두렁에서 진흙을 밟으며 걷는 게 좋다는 연구를 바탕으로 만든 신발이 한동안 유행하기도 했다. 바닥이 둥글게 휘어서 앞쪽과 뒤쪽은 바닥에 닿지 않는 구조였다.

나도 그런 신발을 신어봤지만 오래 걸을 때는 좀 불안정한 느낌이 있었다. 비싸서 버리긴 아깝고 신발장에 고이 잠들어 있다. 마라톤 국가대표 출신으로 국내 '걷기 박사 1호'(체육학)인 이홍렬 교수는 "이런 신발을 오래 신으면 무릎과 허리에 무리를 줄 수 있으며, 다리 근육의 퇴화 및 노화를 앞당길 수 있다"고 지적했다. 정형외과 의사 중에 족부 클리닉 전문 이우천 교수도 조심스럽게 권하고 싶지는 않다고 밝혔다. 왜냐하면 옆으로 접질리면 문제가 커지기 때문이다.

발은 제2의 심장이라고 말할 정도로 중요하다. 젊어서는 그나마 견디지만 나이가 들면 발에 무리가 가지 않는 신발을 선택하는 것이 정말 중요하다. 이우천 교수에 따르면 발에 무리가 가지 않는 신발을 선택하는 요령은 비교적 간단하다.

쿠션이 어느 정도 있는 운동화, 또는 3~4센티미터 굽의 너무 딱딱하지 않은 구두가 좋다. 너무 낮은 플랫슈즈는 오히려 족저근막에 무리를 준다. 그리고 같은 신발을 이틀 이상 신지 말아야 한다. 매일 바꿔가며 신는 것이 위생에도 좋고 발 건강에도 도움이 된다.

쇼핑은 혼자 즐기는 은밀한 놀이

내가 가장 좋아하는 것을 운동으로 삼아라!
운동을 한다고 해서 꼭 체육관에 갈 필요는 없다.

열심히 하는 사람은 즐기는 사람을 이길 수 없다고 한다. 얼마든지 일도 놀이처럼 놀이도 일처럼 할 수 있다. 나는 스트레스가 심하거나 앞이 막힌 느낌이 들 때면 걷는다. 목적 없이 집 뒤편 산책로를 걷기도 하지만, 마음이 심란할 때는 윈도쇼핑을 하며 걷는다.

쇼핑을 싫어하는 지인은 돈이 없어서 사고 싶은 것을 못 사면 그것 자체가 스트레스라고 말한다. 나는 뭔가 슬프거나 힘들 때 걸으면서 물건을 하나하나 구경하거나 쇼윈도에 비친 나를 바라보면 스트레스가 풀린다. 나만의 독특한 스타일로 꾸미면서 윈도쇼핑으로 정신을 환기할 수 있게 되었다. 종로5가에 CBS가 있던 시절 점심시간에 잠깐 짬을 내서 명동 롯데백화점 또는 청계천 신평화시장과 동평화시장을 들르곤 했다.

쇼핑은 코스 요리를 즐기는 기분으로

《화성에서 온 남자 금성에서 온 여자》라는 책도 있듯이 여자와 남자의 쇼핑 스타일은 마치 각기 다른 행성 사람인 듯 완전히 다르다. 나는 필요한 옷을 사기 위해 백화점이나 쇼핑센터를 가면 에피타이저를 즐기듯이 입구부터 슬슬 둘러본다. 그야말로 가볍게 몸을 푸는 것과 같다.

내가 흥미를 느낄 만한 것이 있는지, 가격대는 어떻게 되는지, 쇼핑센터의 특징은 무엇인지를 살핀다. 애초에 사려고 했던 여성복 매장까지 가기 전에 관심 품목들을 눈으로 죽 훑어본다.

균일가로 매대에 진열된 상품은 어떤 종류가 있는지, 입구에 미끼로 내놓은 상품 중에 살 만한 품목이 있는지를 살펴본다. 코스 메인 요리가 나오기 전에 입맛을 돋우는 음식들을 하나씩 맛보는 기분이다. 매장에 내가 원하는 것들이 있는지 충분히 둘러본다. 옷이 필요하다고 해서 옷만 보는 것이 아니라 구두, 가방, 액세서리까지 구경한다.

하지만 누군가와 함께 쇼핑을 할 때는 완전히 달라진다. 놀이가 아닌 일로서 쇼핑을 하는 것이다. 곧바로 필요한 물건이 있는 매장으로 가서 마음에 드는 옷을 고르고 가격이 맞는지 살펴본 다음 피

팅룸에서 입어보고 결정한다.

일은 목적 달성을 위한 과정이므로 그 자체로 강제성이 있으니 힘들 수밖에 없다. 반대로 놀이는 활동 자체가 즐거움과 만족을 주고 어떠한 강제성 없이 자발적으로 하는 것이다. 아이들의 활동에는 일과 놀이의 구분이 없다. 아이들에게는 놀이가 곧 일이다. 놀이 활동에 새로운 기능을 추가함으로써 사회적 습관을 익혀서 일을 할 수 있게 된다.

아이들에게 놀이는 심신의 발달에 중요한 역할을 한다. 반면 성인에게 놀이는 일상생활이나 일에서 생기는 강박감을 해소하고 기분을 전환하며, 피로를 풀고 새로운 의욕을 높이기 위한 방법으로서 효용이 있다.

누군가와 함께 쇼핑을 하는 것은 일을 수행하는 것과 같은 느낌이고, 혼자 쇼핑을 하는 것은 놀이가 된다. 나 혼자 은밀히 즐기는 게임이다. 해외 여행을 할 때도 내가 좋아하는 스타일의 옷이나 액세서리, 신발 등을 찾아다니는 것이 즐겁다. 혼자 쇼핑을 하면 나만의 스타일을 만끽할 수 있다.

우리 가족은 쇼핑센터와 아웃렛을 함께 가더라도 '따로 또 같이' 즐긴다. 각자의 개성이 너무 강해서 어떤 일을 함께 하려면 부담스럽고 서로 눈치를 살피느라 불편하다. 가족들 취향이 맞으면 더할 나위 없겠지만 전혀 다른 색깔을 가지고 있는 가족들은 따로 즐기는 것이 낫다.

남편도 확고한 자기 취향이 있고, 아들도 개성이 강하다. 그나마 딸은 나와 좀 비슷하다. 그래서 1시간이나 2시간 뒤에 만나자고 약속하고 헤어진다. 각자의 취향에 따라 쇼핑하고 구경하다 약속 장소에서 만나 함께 식사하고 자신이 산 물건들을 자랑한다. 마치 전쟁터에 나가서 전리품을 획득한 기분으로 말이다.

사실 쇼핑에도 흥미가 생기기 전에는 필요한 물건을 재빨리 골라서 나가버려야지 하는 강박 때문에 즐겁기는커녕 괴로운 적도 있었다. 그러나 이것을 취미나 놀이로 즐기게 되니까 남들이 모르는 스릴과 감동이 생겼다.

이탈리아 여행을 갔을 때 꼭 들러야 한다는 밀라노 아울렛에서 정말 우연히 몽클레어 매장에 갔다가 엄청 싸게 파는 내가 좋아하는 스타일의 선글라스를 건졌을 때 남몰래 짝사랑하던 남자에게서 사랑한다는 말을 들은 것처럼 기뻤다. 남들이 뭐라고 하는 게 중요한 것이 아니라, 마치 나만의 은밀한 기쁨이나 즐거움이 생활의 윤활유 역할을 한다고나 할까.

쇼핑을 운동 삼는다

나이가 들면 꼭 필요한 것이 운동이다. 운동도 즐겁게 할 수 있고 나한테 맞는 것을 선택해야한다. 놀이가 될 수 있는 것들이 많을수록 좋다.

나에게 있어서 쇼핑은 때로 운동이며 음식이다. 사실 '운동하기'만을 위해서 걷는다면 거의 1시간 정도가 나의 한계치다. 그런데 쇼핑을 하면서 돌아다니면 2시간도 좋고 3시간도 가능하다. 슬슬 걷다가 마음에 드는 물건이 없으면 대충 보면서 빨리 걷는다. 그러다 보면 시간이 어느새 훌쩍 지나간다.

한동안 나의 최애 쇼핑 구역은 H&M이었다. 한국에 진출하기 전에는 미국에서 물건을 사본 적 있는 매장이다. 명동에 1호점을 시작으로 H&M이 엄청나게 늘어났는데, 자라(ZARA)보다는 내 취향에 맞다. 그러나 요즘은 뭔가 달라진 듯하다. 디자인도 유니크하거나 새롭지 않다. 윈도쇼핑을 많이 하다 보니 어떤 브랜드가 쇠태하고 어떤 브랜드가 새롭게 뜨는지 알 수 있다.

같은 브랜드라도 매장에 따라 물건이 조금씩 다르다. 운동과 취미 삼아 쇼핑을 즐기는 사람들은 조금씩 다른 것들을 찾아서 비교하는 것도 일종의 재미다.

나이가 드니 예전처럼 몇 시간씩 쇼핑을 즐기기에는 체력이 좀 부족해서 젊은 시절과는 다른 패턴으로 즐긴다. 예전에는 동대문 종합시장 액세서리 상가나 원단 상가를 돌아다니며 마치 양장점이라도 하는 사람처럼 가격을 깎곤 했다.

하지만 이제는 너무 넓은 구역을 모두 훑어볼 수는 없다. 특히 두타나 밀리오레처럼 홍정을 해야 한다거나 평화시장처럼 도매상과 소매상이 혼재하는 곳은 피로도가 높다. 그래도 몇 시간이고 예쁜 것들을 보고 있으면 행복하다.

늙어서 치장은 해서 무엇 하나 싶은 생각이 들 수도 있다. 자신을 꾸미는 데 즐거움과 행복을 느낀다면 나이가 들었다고 해서 하지 않을 이유가 없다. "이 나이에 아무것이나 걸치면 어때?" 하면서 70세 이후 새 옷을 거의 입지 않았던 친정어머니는 20년을 더 살고 돌아가셨다.

나이 들수록
뒤태를 챙겨라

시작이 반이다. 해보고 싶으면 얼마든지 바꿔라!
남들 눈치 보느라 인생을 허비하지 말자.

'뒷모습이 아름다운 사람', '돌아서는 뒷모습이 중요하다', 이런 말들은 주로 마무리를 잘해야 한다는 의미로 쓰인다. 하지만 이 말은 외모에도 적용된다. 인생의 후반기에 접어들어 마무리를 잘해야 하듯이 나이가 들수록 뒤태에 더욱 신경 써야 한다.

나는 뒷모습이 40대 같다는 말을 많이 듣는다. 조금 과장하는 사람들은 20대 같다느니 30대 같다느니 칭찬을 하기도 한다. 물론 인사말이겠지만 전혀 그렇지 않은 사람에게 그 정도로 지나친 칭찬을 하지는 않는다. 아름다운 뒤태는 자세가 똑바르고 몸매의 굴곡이 드러나며 걷는 모습이 활기차다.

어린 시절에 눈을 감고 어떻게 걸어갈 수 있을까 하는 호기심이 문득 발동해 실제로 눈을 감고 걷다가 개천에 빠진 적이 있다. 그렇게 높지 않아서 다치지는 않았지만 이후로 땅을 보고 걷는 습관이 생긴 듯하다. 홍릉산을 넘어 청량초등학교에 다니던 시절 왕모래산이었던 그곳에서 땅을 보고 걷다 보면 하루에 동전 한두 개씩은 꼭 주웠다. 동전 때문은 아니겠지만 그때부터 이미 걷는 자세가 약간 구부정했다.

대학 때는 땅을 보며 걷는 나를 보고 친구들이 그 당시 유행하던 위키 리(이한필)의 노래 '위를 보고 걷자'를 부르며 놀려대곤 했다. 더구나 큰 가슴이 콤플렉스여서 가슴을 감추느라 어깨를 더욱 움츠렸다. 거북목까지는 아니더라도 자세가 구부정해질 수밖에 없었다.

바른 자세가 뒤태를 결정한다

쉰 살이 넘어 걷기 운동을 시작하면서도 자세에는 크게 신경 쓰지 않았다. 자세히 관찰해보면 사람마다 걷는 자세도 천태만상이다. 허리가 아픈 사람은 비뚤어진 자세로 걷고, 한쪽 다리가 불편하면 다른 한쪽에 힘을 주며 걷는다. 나는 약간 팔자걸음이라는 것을 전문가의 지적으로 깨달았다.

살을 빼는 데 도움이 된다는 이유로 팔을 높이 흔들면서 파워 워킹을 하는 사람들이 많다. 그러나 살을 빼려면 수십 킬로미터를 걸어야 한다. 단순히 살을 뺄 목적이라면 걷기 운동은 맞지 않다. 먹는 것을 조절하지 않고 운동만으로 살을 빼는 것은 거의 불가능하다.

쇼핑을 위해 나는 종로2가에서 동대문까지 걸어간 적이 있다. 자신이 좋아하는 것을 위해서는 얼마든지 걸을 수 있다. 걷는 것이 건강에 좋으니 '무조건 하라'는 것이 아니다. 나에게 맞는 것을 찾아 운동으로 삼으라는 것이다.

나는 운동 목적이 아니라 혼자만의 세상을 즐기기 위해 걷는다. 쇼윈도에 비친 내 모습을 보면 걸을 때 어떤 모습인지 알 수 있다. 특히 나이가 들면 다리에 힘이 떨어져서 오다리가 되고, 목은 앞으로 쑥 내밀고 걸어가기 십상이다.

움직이지 않는 것보다 어떻게든 몸을 움직이는 것이 건강에 좋은데, 내가 어떤 자세로 걷는지 점검하면 더욱 효과적인 걷기 자세를 찾을 수 있다.

항상 거울에 내 뒷모습을 비춰본다. 어깨가 너무 올라가지는 않았는지, 팔자로 걷는 것은 아닌지 살펴본다. 그리고 무릎과 무릎을 스치면서 일자로 걸어보기도 하고, 11자로 걷는 연습을 하기도 한다.

늦었다고 생각되는 순간이 가장 빠르다

정년퇴직을 몇 해 앞두고 목동청소년수련관에서 새벽 운동을 시작할 때는 '다 늙어서 괜찮을까', '이 나이에 굳이 이래야 하나' 회의가 많이 들었다. 그때는 지금까지 내가 이렇게 오래 지속할지도 몰랐고 즐거워할 줄도 몰랐다. 늦었다는 핑계로 시작하지 않았다면 이런 즐거움을 평생 느끼지 못했을 것이다.

일주일에 월·수·금요일은 수영을 하고, 화·목·토요일은 체조를 한다. 수영은 관절에 무리를 주지 않고, 체조는 유산소와 무산소 운동을 함께 할 수 있어서 좋다. 물론 덤으로 뒤태가 젊어 보인다는 이야기를 듣는다. 바른 자세로 걷는 연습을 하고 스트레칭으로 고개를 드는 습관을 길들이면 젊은 뒤태는 덤으로 따라온다. 조금만 더 일찍 시작했다면 골다공증이 지금처럼 심하지 않았을 거라는 후회도 있다.

하나쯤은 자신에게 맞는 운동을 찾아서 일단 시작해보자. 해보고 맞지 않으면 중단하고 다른 것을 찾으면 된다. 해보고 죽어야지 해보지도 않고 죽으면 아깝지 않겠는가.

늦었다고 생각한 순간이 결코 늦은 때가 아니라는 말을 나이가 들수록 실감한다. 나는 아무리 전날 늦게 잠자리에 들고 피곤해도 새벽에 일어나서 운동을 한다. 땀에 젖은 몸을 샤워하고 나올 때 그 희열은 맛본 자만이 안다.

향기로 기억되는 사람

나를 아름답게 표현하는
향기를 찾아보자.

사랑을 구할 때는 시각이 매우 중요한 역할을 한다. 이성에게 호감을 느끼는 일차적인 요인이 외모인 것만 봐도 그렇다. 실제로 대뇌가 발달한 인간은 시각에 많은 부분을 의존한다. 그러나 동물은 사랑을 구할 때 후각에 의존한다. 자신만의 영역을 표시할 때도 후각을 이용한다. 냄새를 맡지 못하면 음식의 맛을 느낄 수 없는 이유는 냄새를 관장하는 뇌 부위와 맛을 느끼는 부위가 가까이 있기 때문이다.

인간도 이성을 선택하는 데 알게 모르게 냄새의 영향을 받는다. 냄새를 맡을 때 뇌에서 감성을 조절하는 변연계가 관여하기 때문이다.

알츠하이머병을 앓는 환자 대부분이 발병 초기에 후각을 잃어버리는 증상을 나타낸다. 파킨슨병 환자들도 발병 초기에 후각 상실 증상을 보인다.

냄새에 얽힌 추억 조각들

냄새는 특정한 기억을 떠오르게 한다. 나는 새 책의 잉크 냄새를 맡으면 어릴 때 새 학년으로 올라가 새로운 친구를 만났던 기억이 떠오른다. 생선 비린내를 유독 싫어해 집에서는 생선을 거의 굽지 않는다. 어릴 때 동네 골목길에서 생선을 굽는 집 앞을 지나갈 때 비린내를 맡고 구역질이 났던 기억이 떠오르기 때문이다.

우리나라가 가난하던 시절에는 냄새에 신경 쓰지 못하고 살았다. 삶의 질이 높아지면서 향기가 일상에서도 무엇보다 중요하게 여겨진다. 요즘에는 향기로 마음을 진정시키고 편안하게 하는 아로마 요법도 있다.

프랑스에서 향수가 발달한 것도 목욕을 할 수 없는 환경 때문이라고 한다. 좋지 않은 냄새를 없애려고 향수를 뿌린 것이다. 하지만 후각은 피로도가 금방 나타나 냄새 속에 있으면 잘 인지하지 못한다. 재래식 변소에서 그 독한 암모니아 냄새가 처음에는 엄청 심하게 느껴지지만 조금 지나면 나아지는 것처럼 말이다. 그래서 냄새를 느끼지 못하고 향수를 점점 더 진하게 뿌린다.

너무 진한 향수는 오히려 공해가 된다. 옷이나 몸에 직접 뿌리지 말고 옷장이나 가방 또는 스카프에 뿌려놓으면 다른 사람들에게 불쾌감을 주지 않고 은은한 향기를 뿜을 수 있다.

내가 사랑한 향수 찰리

유명한 향수로는 1950년대 할리우드 배우 마릴린 먼로가 알몸에 향수만 뿌리고 잤다는 샤넬 No.5, 한국 사람들이 좋아한 엘리자베스 아덴의 5번가(5th Avenue) 등이 있다. 내가 처음 선물받은 향수는 레브론의 찰리다. 비교적 저렴하면서도 약간 고전적인 향수다. 너무 진하지 않고, 여성들의 분 냄새 정도만 은은하게 남는다. 지금도 찰리를 애용하고 있다.

그 당시에는 찰리가 잘 알려지지 않아 우리나라에서는 구하기 어려웠다. 아이들이 유학하고 있는 미국에 갔을 때 월마트와 같은 대형 마트에서 찰리 블루를 발견하고 친구를 만난 듯이 반가웠다. 레브론 찰리는 화이트, 레드, 블루, 세 가지 종류가 있다.

노인 냄새를 없애는 법

일반적으로 노화가 일어나면 후각이 상실된다. 80세가 되면 4분의 3이 냄새를 잘 맡지 못한다고 한다. 65~80세 인구의 절반이 심각한 후각 상실을 보인다. 노인들이 음식을 '맛있게' 먹지 못하는 이유도 그 때문이다. 맛을 느끼는 데는 미각뿐 아니라 후각도 중요한 역할을 한다.

반면 나이가 들면 노인 냄새가 심해진다. 연구에 따르면 노인 체취는 노넨알데하이드에 의해 생긴다. 노넨알데하이드는 피지 속의 지방이 산화되면서 생기는 물질로 모공에 쌓여 부패하면 냄새가 난다. 청년기에는 거의 생기지 않고, 40대 이후부터 서서히 생기기 시작해 노년기로 갈수록 그 양이 늘어난다. 나이가 들어 신진대사가 느려지면 이물질을 빨리 분해하지 못하기 때문에, 모공 속에 노폐물처럼 쌓여서 체취가 난다는 연구들이 있다.

나이가 들수록 청결에 더욱 신경 써야 한다. 자신의 몸에서 냄새가 난다는 사실을 인식하지 못할 수도 있다. 복잡한 지하철이나 버스에서 부대끼다 보면 노인들의 퀴퀴한 냄새에 불쾌할 때가 더러 있다. 나이 들수록 샤워를 자주 하고 옷도 자주 세탁해서 입어야 한다. 조금 더 나아가 나만의 향기를 내고 싶다면 향수를 사용해보자.

자신만의 향기를 찾자

샤넬 향수는 향이 너무 진해서 뿌리고 외출하면 예민한 사람들은 거부감을 느끼고 불쾌해한다. 향수는 비싸다고 무조건 좋은 것이 아니다. 자신에게 맞는 향을 하나쯤 정하는 것이 좋다. 그 사람을 보면 그 향기가 떠오르고, 반대로 그 향기를 맡으면 그 사람을 떠올리는 것이다. 비교적 감각이 무딜 것 같은 남자 후배는 오랜만에 나를 만나도 아직도 특유의 향기가 난다고 말한다. 그만큼 향기는 기억에 오래 남는다.

나에게 적합한 향수 몇 가지를 선택해서 자신만의 향기로 만들어 보자. 기분 좋은 향을 풍기는 것도 멋스럽게 사는 방법 가운데 하나이다.

요즘은 꼭 한 가지 향수만을 고집하지 않는다. 아주 강한 머스크 향을 제외하고 다양한 향기를 즐긴다. 노인 냄새를 풍기기보다 나이에 어울리는 은은한 향기로 기억되는 사람이 되자.

2장

★

내게 던져진 순간
내 것으로 만들어라

★

꼴찌에서 여성 정년 1호가 되기까지

우연히 주어지는 것을
내 것으로 만들어라.

자신이 원하는 것이 무엇인지 확실히 모른 채 살아가는 사람들이 많다. 우연도 두 번 겹치면 필연이라 했던가? 우연히 주어진 일이라도 받아들이고 인생의 돌파구로 만들어가는 경우도 있다.

의지가 강하고 투철한 사람은 자신의 목표를 이루기 위해 차근차근 계획하고, 그에 맞춰 자신을 조련하기 때문에 역경이 닥쳐도 잘 헤쳐 나간다. 존경스럽고 본받고 싶다. 그러나 모든 사람이 그렇게 하지 못하는 것이 현실이다. 정말 원하는 것이 무엇인지 모르거나 여러 가지 일들이 모두 매력적으로 다가올 때는 갈팡질팡하다 인생을 허비할 수도 있다.

어느 한 가지 일에 확신을 가지지 못하고 방황하더라도 나에게 주어진 일을 피하지 않아야 한다. 강한 의지의 화신은 아닐지라도 나에게 가볍게 던져진 것이라도 내 것으로 만들어버리겠다는 자세가 중요하다.

내가 CBS에 입사하고 여성 정년 1호가 된 것도 우연히 찾아온 기회를 선택해 내 것으로 만들었기에 가능한 일이었다. 방송 생활을 하다 보면 원하지 않는 일을 해야 하는 경우가 많이 일어난다. 그때마다 사표를 던졌다면 정년까지 일하지 못했을 것은 말할 것도 없고 제대로 된 방송인으로 이름을 남기지도 못했을 것이다.

청년 실업은 오늘의 문제만은 아니다

많은 청년들이 직장이 구해지지 않아 심적으로 고단한 삶을 살고 있다. 사실 청년 실업 문제는 그 정도나 양상이 다르기는 하지만 예전부터 계속 있어왔던 문제이다. 취업난과 입시 문제도 마찬가지다. 내리가 대학을 다닐 때는 상아탑을 우골탑(시골에서 부모님이 소를 판 돈으로 대학을 보냈다는 뜻)으로 풍자하면서 고학력 실업자 룸펜(lumpen, 빈곤한 지식인)들이 늘어나는 현상이 사회적 이슈였다.

지금도 중소기업이나 육체적 노동을 하는 분야는 일손을 구할 수가 없어서 외국인 노동자로 대체하는 형편이다. 요즘 젊은이들은 이름 없는 중소기업에 들어가 뼈 빠지게 일하면서 대기업의 절반도 안 되는 임금을 받느니 차라리 아르바이트하면서 생활한다.

공무원 시험 준비나 자격증, 어학 연수 등의 스펙을 쌓으며 보장되는 직장에 들어가려고 한다. 대기업에 취직만 하면 엄청난 성공이라고 여긴다. 그러나 대기업에서도 성취감을 느끼지 못하고 기존의 기업문화에 환멸을 느껴 방황하거나 이직하는 경우도 허다하다.

1970년대 초만 해도 많은 여대생들은 취업보다 조건이 좋은 남자를 만나서 시집가는 것이 대세였다. 그러나 나는 집안 형편도 그렇고 내 자존감을 위해서도 취업을 꼭 해야 한다고 생각했다. 대학생 때는 학생기자로 학교 신문사에서 월급도 받고 장학금도 받았지만 늘 등록금이 모자랐다. 항상 등록금 접수 마감 즈음에야 돈을 마련하는 형편이니 취업이 목표가 된 것이다.

고려대 극회에서 연극도 하고 UNSA(유엔한국학생협회) 동아리 활동, 학교 신문기자 등을 하면서 바쁘게 지냈지만 전공 분야를 열심히 공부한 것은 아니었다. 더구나 사학과는 연결되는 분야가 거의 없었다. 교원 자격증을 따긴 했지만 임용시험을 거쳐 교사로 취업하기도 어려웠다. 미래가 막연했다.

왜 아나운서를 목표로 했나?

학교 신문기자로 일할 당시에 여자는 통틀어 한두 명에 불과했고, 어쩌면 액세서리 정도로 취급하는 느낌이었다. 남녀 차별이 심하고, 편집 방향도 정치적으로 좌우되는 것을 보면서 신문기자에 대한 인식이 오히려 나빠져서 기자 직종에 대한 약간의 거부감이 싹텄다.

연극을 하면서 목소리가 좋다는 소리를 듣고 아나운서를 생각하게 되었다. 그나마 여성들이 많이 진출하는 아나운서 직종은 남녀차별이 덜하지 않을까 하는 막연한 기대감으로 도전했다.

지금 생각해보면 무지한 선택이긴 했다. 외모와 실력, 목소리가 중요하고, 1970년대 중반까지 여자는 결혼하면 그만두는 경우가 많았다. 요즘은 언론사에 입사하려고 스터디 그룹을 결성해 시험 문제를 분석한다. 나는 막연히 혼자 시험 과목만을 공부했다. 그때는 국어, 영어, 상식, 논문 정도였다.

1970년대 중반만 해도 우리나라 방송국이 KBS, MBC(문화방송), TBC(동양방송), CBS(기독교방송), DBS(동아방송) 다섯 개밖에 없었다. 맨 처음 시험 본 곳이 MBC였다. 아나운서 공채는 1차에서 목소리와 화면 테스트를 하고, 거기서 통과된 사람들을 대상으로 다시 2차에서 카메라와 음성 테스트를 한다. 그리고 2차까지 통과한 합격자들이 필기시험을 치른다. 이러한 절차도 시험을 치르면서 알게 되었다. 남들은 철저히 준비하는데, 나는 무턱대고 도전한 셈이다. 당연히 탈락이었다.

TBC와 KBS에서 1차는 통과하고 2차에서 떨어지거나 필기시험에서 떨어지다 보니 오히려 자신감이 생겼다. 기독교인이기는 했지만 CBS는 사실 생각도 하지 않았다.

친한 친구가 새로 이사한 집에 도배를 도와주러 갔다가 초배를 바르던 신문지에서 CBS 사원 모집 광고를 보게 되었다. 마감이 하루밖에 남지 않아 거의 마지막으로 서류를 제출했다. 그나마 유리했던 것은 CBS는 라디오 방송만 있다는 점이었다. 카메라 테스트는 없고 음성 테스트만 있으니 외모에 신경 쓰지 않아도 되었다. 경쟁률이 엄청 높았던 것으로 기억한다. 그러나 운 좋게 1차 음성 테스트를 통과했고, 필기시험을 볼 수 있는 자격이 주어졌다. 인연이 되려고 했는지 잘 아는 문제들이 많이 나왔고, 비교적 점수가 높아서 합격할 것 같은 기분이 들었다.

드디어 면접을 보러 오라는 통보를 받았다. 최종 면접에 온 여자는 네 명이었다. 남자는 몇 명이었는지 기억나지 않지만 여자보다 훨씬 더 많았던 것 같다. 지금까지 어느 곳에 가든지 1등은 아니어도 꼴찌를 한 적은 없었다. 그런데 마지막 면접에 온 네 명 중에 같은 대학 같은 학과 친구가 있었다. 학교 방송국에서 일한 경험이 있는 그 친구가 더 적합해 보였다. 더구나 같은 학교 같은 학과 출신을 두 명이나 채용하기가 부담스러웠을지도 모른다. 결국 나는 최종 합격자 명단에 오르지 못했다.

그 후로도 계속 원서를 내고, 시험을 보고, 교사 임용시험까지 보면서 고군분투했지만 번번이 낙방이었다. 그렇게 가을이 지나고 겨울 어느 날 전보가 한 통 왔다. CBS에서 나를 보자는 것이었다. 알고 보니 합격했던 여자 아나운서 세 명 중 한 명이 결혼하면서 해고되었다고 했다. 차점자, 즉 꼴찌였던 내가 그렇게 CBS에 입사하게 되었다.

인생이란 참으로 알다가도 모르겠다. 나보다 실력 있는 동기들이 모두 그만두고, CBS에서 정년퇴직을 한 사람은 나 혼자뿐이다.

사소하게 주어지는 것들도 내 것으로 만들어라

살다 보면 덜컥 주어지는 일들이 있다. 내 것이 아니라고 팽개치지 말고 잘 보듬고 노력하면 진정한 내 것이 될 수 있다. 인생은 어차피 일회성이다. 한번 지나가면 다시 돌아오지 않는다.

이 나이에 무엇을 해야 하나 싶은 때도 많다. 이근후 박사의 말처럼 '오늘이 당신의 인생에서 가장 젊은 날'이다. 지금 내게 온 모든 것들을 사랑하라. 그것을 기회로 잡으면 성공 신화를 쓰지는 않더라도 후회 없는 삶을 꾸려갈 수 있다.

남 앞에서 말하기를
두려워했던 내가 아나운서?

인생은 단편소설이 아닌 장편소설이다.
스스로를 규정하는 순간 여러 가능성을 완전히 잘라내는 것이다.

‘성격이 내향적인가, 아니면 외향적인가?’라는 질문에 어느 한쪽이라고 명확하게 말하기가 쉽지 않다. 보통 두 가지 성격이 혼재되어 있기 때문이다. 일반적으로 태어나서 초등학교 4학년까지 이어져오던 성격이 이후부터 달라지고, 사춘기 이후에 또다시 변할 수 있다.

나는 지금도 남들 앞에서 말하기가 두렵다. 라디오 방송에서 보이지 않는 사람들에게 말하는 것은 어렵지 않다. 하지만 몇십 명, 심지어 몇 명 앞에서 발표하는 것도 떨린다. 발표가 끝나고 왜 그렇게밖에 못 했을까 후회할 때도 많다.

숫기 없고 거절당하는 것을 두려워했던 나

어릴 때 나는 숫기도 없고 사교성도 좋지 않았다. 홍릉 영단 주택 2층 골방에 틀어박혀 책을 읽고 상상을 즐기던 내향적인 아이였다. 다만 자의식은 강했던 듯하다. 지금의 내 모습으로는 상상할 수 없는 성격이었다. 그랬기에 말로 먹고사는 아나운서를 직업으로 삼게 되리라고는 전혀 상상하지 못했다.

혼자 지내는 것을 좋아했고 셋이나 되는 동생을 돌보는 것도 부담스러웠다. 엄마가 동생을 또 낳을까 하면 내가 머리를 절레절레 흔들었다고 한다. 동생들은 항상 뭔가를 해줘야 하고 돌봐줘야 한다는 인식이 내 머릿속에 각인되어 있었다. 엄마가 시장이라도 갈라치면 냉큼 따라나서기보다 동생들을 다 데려가라고 했다. 집에서 나 혼자 놀고 싶었기 때문이다. 주로 역할극을 많이 하며 놀았고, 라디오 드라마를 즐겨 들었다. 연극에 관한 재능이 여기서 비롯된 것이 아닐까. 그 때문인지 막연히 성우가 되고 싶기도 했다.

초등학교 때 아이들이 선생님에게 달려들며 잘 보이려고 하는 모습을 냉소적으로 쳐다보곤 했다. '꼭 저렇게 선생님에게 매달려야 하나?' 이런 생각을 했다. 혼자 온갖 생각을 하다 보니 오히려 문학적 감수성과 상상력은 풍부했다.

학교가 멀어서 수업이 끝나면 아이들이 무리 지어 집으로 갔다. 부끄러움을 많이 타던 나는 소변이 마려운데도 아무 말도 하지 못하고 꾹꾹 참다가 집에 도착하자마자 바지를 입은 채 오줌을 줄줄 지린 적도 있다. 친구들에게 화장실에 다녀오겠다는 말을 차마 하지 못한 것이다. 하굣길에도 친구에게 먼저 다가가 같이 가자는 말도 못 했다. 소심한 성격 탓에 거절당하면 어떡하나 걱정했던 것이다.

홍릉 근처에 홍파초등학교가 생기면서 4학년 때 우리 동네 아이들이 모두 그 학교로 옮겼다. 성적이 좋아서였는지 새 학기에 선생님이 나를 반장으로 지명했다. 수줍음 많고 융통성 없고 사회성이 부족했던 나는 그저 고지식하게 아이들을 대했다. 지금은 반장을 회장이라 하고 1학기부터 선거로 뽑지만 그때는 1학기에만 선생님이 지명했다. 아이들한테 인기가 없었던 나는 2학기에 반장 선거에서 떨어지고 말았다.

선생님은 학급회의 회장을 나에게 맡겼지만, 사람들 앞에 나서서 말하는 것을 두려워했던 나는 그런 자리가 몹시 싫었다. 그 당시에는 돈을 쓰면서 남 앞에 나서 연설하는 국회의원들을 가장 이해할 수 없었다.

조금씩 달라지기 시작한 것은 미션스쿨인 이화여중에 진학해 교회 활동을 하면서였다. 그러나 적극적으로 어떤 직책을 맡겠다고 나선 적이 없다. 직장 생활도 마찬가지였다. 부장은 사장이 지명하는 직책이니 맡을 수밖에 없다. 그러나 편성국장은 노조의 검증이 필요하기 때문에 지정한 후보자가 정책을 발표하고 본인이 하겠다는 의사 표명을 해야 한다. 처음에는 사퇴해도 된다는 것도 모른 채 2차까지 가기도 했지만 그 후로는 자진 사퇴를 하곤 했다.

나 자신을 잘 알기 때문이다. 어쩌면 잘하지 못할 바에는 안 하는 것이 낫다는 오기가 발동했는지도 모르겠다. 그런 자리에 오르면 후배들과 술자리도 많이 가져야 하고, 친하게 지내면서도 때로는 내치기도 해야 한다. 내 성격으로는 감당할 수 없다는 것을 알기에 행정적인 지위인 국장이나 본부장을 맡지는 않았다. 아이러니하게도 그 때문에 내가 정년까지 직접 프로그램을 만들고 생방송을 진행할 수 있었다고 생각한다.

나는 안 된다고 스스로를 규정하는 사람들에게 과감히 탈피해보라고 조언해주고 싶다. 물론 자신의 스타일과 할 수 있는 역할이 있다. 그러나 나를 규정하고 있는 굴레를 벗어던지면 새로운 나를 발견할 수 있다.

인생 2막을 살고 있는 나는 더욱 폭넓은 나를 만들어가려고 노력한다. 할 수 있는 일은 무엇일까 항상 고민하고, 그것을 극복해가는 과정이 삶의 여정이다. 나이가 들었다고 현실에 안주하며 살기에 인생은 길다.

요즘 직장 생활을 할 때는 하지 못했던 것을 하나씩 실천해가고 있다. 사소하지만 남들이 귀찮아하는 모임의 총무를 맡아서 살림을 살아보기도 했다. 지금까지 전혀 해보지 않은 일들을 자처해서 하나씩 해보는 중이다.

열등감이 나를 키웠다

열등감은 내면을 성찰하기 위한 도구로
평생 안고 살아가야 한다.

최근 몇 년간 인터넷에서 가장 크게 유행했던 단어 중 하나가 '열폭'이다. '열등감 폭발'이라는 뜻의 신조어다. 화를 내지 않아도 될 상황에서 갑자기 터지는 비논리적인 분노와 짜증 등을 비하할 때 쓰는 말이다.

열등감이 전혀 없는 사람이 있을까? 누구나 말 못 할 열등감 하나쯤은 갖고 있기 마련이다. 열등감은 성장 과정에서 타인과 나를 비교하면서 생긴다. 자신의 내밀한 콤플렉스가 하나둘 쌓이면서 열등감으로 나타나는 것이다. 대부분의 사람들은 정도의 차이가 있을 뿐 크고 작은 열등감을 가지고 있다.

하지만 누군가는 열등감을 성공의 동력으로 삼는가 하면, 누군가는 평생을 열등감의 노예로 살아간다. 아인슈타인은 학창 시절 수학을 못하는 열등생이었다. 에디슨은 초등학교 때 지적 능력이 떨어진다는 이유로 퇴학을 당했고, 엘비스 프레슬리는 첫 오디션에서 트럭 운전이나 계속하라는 악평을 들었다. 한국 대중음악계를 완전히 바꿔놓았다고 평가되는 서태지 역시 첫 방송 오디션에서 혹평을 들으며 속울음을 삼켜야 했다. 이들은 모두 자신에 대한 믿음으로 열등감을 극복했거나 혹은 열등감 자체를 동력 삼아 성공을 향해 내달려 끝내 그것을 쟁취해냈다.(네이버 지식백과 : '열등감을 이기는 다섯 가지 실천법', 정신이 건강해야 삶이 행복합니다, HIDOC)

치아 콤플렉스

초등학교 3학년 때 일이다. 웃으면서 찍은 사진 속의 내 치아가 눈에 확 들어왔다. 이 사이가 벌어져 보기에 좋지 않았다. 그 사실을 발견하고부터는 절대 앞니가 드러나게 활짝 웃는 사진을 찍지 않았다. 다른 열등감도 많았지만 치아에 대한 콤플렉스는 오랫동안 여러 가지 형태로 이어졌다.

1970년대 말 가요 프로그램을 진행할 때 초대 손님이었던 인순이 씨(당시 희자매 멤버)가 자신도 나처럼 치아 사이가 벌어졌다고 이야기했던 것이 아직도 기억에 남는다. 이런 것을 기억할 정도로 치아 콤플렉스가 심했다.

화면에 비치는 연예인들은 대부분 치아를 교정했거나 라미네이트를 한 것 같다. 인순이 씨도 치아 사이가 벌어지지 않은 것을 보면 교정을 한 듯하다. 대중들 앞에서 얼굴을 드러내야 하는 사람들은 자신이라는 상품을 팔기 위해 더욱 예쁜 모습으로 바꾸는 것이 어찌 보면 당연하다.

그러나 치과의사들은 치아는 웬만하면 자신의 것을 유지하는 것이 가장 바람직하다고 조언한다. 나이가 들어서 어느 날 문득 보니 앞니가 많이 붙어 있는 게 아닌가. 사람의 몸은 참으로 신비하다.

뇌가 다치면 뇌세포는 재생이 안 돼도 다른 세포들이 협력하여 뭔가 기능을 열심히 만들어낸다. 계속 말을 해야 하는 방송인들은 치아와 잇몸, 부드러운 혀와 입술이 절묘한 균형 속에 자리 잡아가는 듯하다. 자기도 모르게 자꾸 혀를 내미는 사람은 치아가 앞으로 나오고, 입을 앙다무는 습관을 가진 사람은 치아가 밀려서 나중에는 겹치게 된다. 나는 아무래도 입을 앙다무는 습관을 가지고 있었나 보다.

앞니가 벌어진 것은 사고 때문이었던 듯하다. 우리 가족과 이모네 가족이 관철동에 살던 시절이었다. 당시 파고다 공원 건너편 관철동은 한옥이 많은 동네였다. 그때 자전거에 치여 윗입술과 잇몸이 연결되는 부위가 찢어졌다. 당시 처치를 잘못해서 치아가 벌어진 것이 아닌가 추측된다.

치아의 상태에 따라 발음이나 발성도 달라진다. 나 같은 경우 방송을 오래 하다 보니 다른 사람의 목소리만 들어도 덧니가 있는지,

의치인지, 부정교합인지 알 수 있다. 상대방이 입 속을 보여주지 않았는데도 내가 상대의 치아 상태를 말하면 듣는 이는 깜짝 놀라곤 한다.

이제는 활짝 웃을 수 있을 만큼 치아 사이가 붙었다. 그러나 앞니 네 개가 고르지는 않았다. 앞니 두 개는 크고 사이가 약간 벌어졌고, 옆의 두 개는 작고 예쁘지 않다.

몇 년 전 무료 스케일링 프로모션을 보고 치과에 들렀는데 의사가 갑자기 앞니 크기가 고르지 않고 모양이 좋지 않으니 가지런히 만들어주겠다며 갑자기 치료를 시작하려 했다. 나는 깜짝 놀라 다음에 오겠다며 도망치듯 나왔다. 하마터면 생니를 갈고 라미네이트를 씌울 뻔했다.

라미네이트는 원래 치아를 갈아내고 새롭게 씌우는 것이다. 물론 TV에 자주 얼굴을 내미는 사람들의 경우 얼굴이 생명이니까 치아를 고르게 하는 것에 관심을 가질 수 있다. 라미네이트를 하고 화면에 나오면 좋아 보이긴 하다. 그러나 실제로 보면 어색한 경우가 많다.

나는 치아에 이상이 생길 때까지 쓰다가 정말 문제가 생기면 하기로 마음먹었다. 앞선 치과에서 호되게 당한 후, 새로 개업했거나 시설이 지나치게 화려한 치과는 피한다. 실제 이런 병원들은 초기 투자 비용이 많이 들었기 때문에 교정이나 미백 등의 미용 시술을 권하는 경우가 많다.

사실 치아뿐 아니라 거울을 보면 내 얼굴에 여러 불만이 많다. 나이 들어 주름살까지 늘어나니 거울을 들여다보거나 사진 찍기가 두려울 때도 있다. 그러나 아무리 아름답고 완벽한 미인이라도 자기 얼굴에 한두 군데 불만을 가지기 마련이다.

열등감을 친구 삼아

열등감은 완벽하지 않은 인간에게 자연스러운 감정이다. 열등감에 얽매이기보다는 정면 돌파를 하거나 피해가면서 살아가는 것이 중요하다.

어릴 때는 나이 많은 아버지가 싫었고 부모님이 교육을 많이 받지 못한 것도 열등감이었다. 여자라는 것도 열등감이었다. 어머니는 딸도 아들 못지않게 키우려고 했지만, 이북 평양 출신에 가부장적인 아버지에게는 딸이라는 이유로 상처도 많이 받았다.

봉건적인 아버지는 칭찬을 하기는커녕 늘 야단을 쳤다. 꾸중을 들을 때만 아버지와 마주 앉았던 것 같다. 사랑한다는 말은 고사하고 칭찬의 말도 어머니를 통해 들었다. 그런데도 나의 자존감이 비교적 높은 이유는 어머니의 지지 덕분이다.

월등한 미인도 아니고 실력이 대단한 것도 아닌데 자존감이 높은 여성들이 있다. 그런 여성들은 대부분 아버지의 사랑을 많이 받고 자랐다. 아버지의 아들 사랑이 내가 남자를 약간 적대적으로 생각하게 만든 것 아닌가 싶기도 하다.

아버지의 사랑을 듬뿍 받은 여성들은 결혼을 일찍 하든 또는 하지 않든 자존감이 높아 보인다. 내가 뭐든 잘하지 않으면 아버지에게 더욱 미움받을 거라는 생각에 나를 성장시켜야 한다는 욕심이 컸던 것이 아닐까 싶기도 하다.

생각해보면 그런 열등감들이 지금의 나를 만든 원동력이었다. 지나친 자신감은 어쩌면 열등감의 또 다른 얼굴인지도 모른다. 나이가 들면서 더 많은 약점들을 발견한다. 열등감은 자신의 내면을 들여다보는 또 다른 눈이라고 생각한다. 열등감이 인간의 자연스러운 속성이라면 내면의 깊은 성찰을 통해 성장의 동력으로 만들어가야 할 것이다.

고난 뒤에 보이는 것들

고통의 터널을 빠져나오면
비로소 보이는 것들이 있다.

아무리 어려운 일도 지나고 나면 하나의 추억으로 남는다. 평범한 일들은 기억에서 금세 사라지지만 힘들었던 순간은 오랫동안 기억에 남아 있다. 그뿐 아니라 고난을 거치면서 삶의 의지와 태도가 확고해지고 어려움을 견뎌내는 능력이 생긴다. 생각도 깊어지고 폭넓게 세상을 바라보게 된다. 그래서 "젊어 고생은 사서도 한다"는 말이 있는 것이다.

누구나 큰 어려움을 겪지 않고 살아가고 싶을 것이다. 하지만 인생의 긴 여정에서 보면 어려움이 결코 부정적인 것만은 아니다. 방송 생활을 하면서도 어려울 때마다 조금 더 나은 미래를 생각하며 견뎌냈다. 항상 미래를 꿈꾸는 인간은 현재를 열심히 살 수 있다. 방송일이 지겨워서 그만두고 싶었던 적이 한두 번이 아니었다. 하지만 막상 떠났다면 그리웠을 것이다.

1987년은 격동의 시기였다. 6월민주항쟁으로 서울 도심에서 집회가 끊이지 않았다. CBS 직원들 중에도 퇴근하고 그 대열에 합류하는 사람들이 많았다. 아마도 넥타이부대의 효시일 것이다.

6월민주항쟁 직후 노태우의 6·29선언이 있었고, 보통 사람들의 시대를 표방한 노태우가 직선제를 통해 대통령에 당선되었다. 정권 교체가 이루어지지는 않았지만 민주화를 위한 요구가 받아들여지는 성과를 거뒀다.

CBS는 보도와 광고 방송의 부활을 위해 열심히 움직였다. 정치적인 상황을 전하는 것과 아울러 시민들의 지지와 호응을 얻기 위해 노력했다. 5시간 생방송 〈CBS의 뉴스를 듣고 싶습니다〉라는 특집 프로그램을 진행하면서 방송 요원들뿐 아니라 행정 직원들까지 동원되어 시내 각 곳에서 직접 시민들을 만나 서명을 받는 행사를 펼쳤다.

보도 기능이 회복되면서 그동안 '교계 뉴스'라는 이름으로 당국의 눈치를 봐가며 조금씩 뉴스 편성을 늘려가던 CBS는 당당히 뉴스를 할 수 있는 위치에 섰다. 그러나 정부는 이것을 기화로 불교방송과 가톨릭평화방송을 허가하면서 CBS도 종교방송 카테고리로 묶어버렸다. 1954년 기독교방송이 최초의 민영방송으로 출발했지만 종교방송으로 한정하려 한 것이다.

교계 기자를 중심으로 보도부를 신설하고 보도 기능에 대비했다. 드디어 뉴스 기능이 부활되던 10월 이후 CBS 보도국이 다시 태동했다. 그해 공채를 통해 기자들을 대거 채용했고, 지금 〈노컷뉴스〉라는 이름으로 CBS 뉴스를 담당하는 보도국의 중추적인 역할을 하는 사람들이 그 당시 입사한 기수들이다.

출산 휴가 한 달도 못 채우던 시절

그 당시 출산 휴가가 딱 한 달이었다. 산전 휴가는 상상도 못하고 산후에 몸조리를 해야 하기에 최대한 휴가 전날 마지막까지 일을 했다. 날짜를 잘 맞추지 못하면 1달의 출산 휴가도 제대로 쉬지 못하고 출근을 해야 한다. 출산 후 몸조리를 그나마 잘하기 위해서는 출산일을 맞추는 게 굉장히 중요한 일이었다.

성모병원 산부인과에서 담당 주치의에게 출산일을 8월 14일이나 15일로 해달라고 요청했다. 14일은 첫째 수빈이 생일이니 두 아이가 같은 14일이면 좋겠고, 15일은 광복절 휴일이니까 직장에 다니더라도 아이 생일상은 차려줄 수 있을 것 같았다. 주치의는 자신의 노모 칠순과 겹치니 일찍 오라고 했다.

마침 그해 8월 15일은 연휴가 겹쳐서 녹음해야 할 것도 많아 저녁 7시쯤 일이 끝났다. 딸 수빈이를 친척집에 맡기고 짐을 싸 들고 병원에 가보니 이미 주치의는 퇴근하고 없었다. 대신 레지던트가 나에게 분만유도제를 놔주었다.

밤늦게까지 유도제를 맞아도 자궁이 열리지 않아 주사를 중단했다가 다음 날 새벽에 분만유도제를 다시 맞았다. 결국 8월 15일 오전 11시 5분에 비로소 자연분만을 할 수 있었다.

지금 생각하면 참으로 어처구니없고 위험한 짓이었다. 제왕절개도 아닌데 출산 날짜를 맞춰달라고 한 것도 그렇고, 분만유도제는 자궁 수축을 돕기 때문에 자칫 자궁 파열의 위험도 있었으니 말이다. 더구나 주치의도 자리에 없었다.

아기가 나오는 순간 으앙 하고 울음을 터뜨리지 않는 것이 걱정이 되어서 왜 아기가 안 우냐고 물었다. 진통을 하는 동안 자신의 변을 좀 먹어서 그랬는데 토하게 해서 괜찮다는 대답을 듣는 순간 울음소리가 들렸다. 분만과정에서 변을 먹으면 뇌로 독이 올라가서 문제가 생길 수 있다는 소리를 들었었는데 울음소리가 명쾌하지 않은 약간 쉰소리가 나는 것도 걱정이었다. 옆에 의료진이 괜찮다며 안심을 시키면서 진정이 되었다. 그러면서 딸인지 아들인지를 물었다. 아들이라고 대답을 듣는 순간 갑자기 모든 설움이 복받쳐 올랐다.

옆에 간호사가 아들 낳고 이렇게 많이 우는 산모는 처음 봤다며 위로해주기도 했다. 계속 아들을 원했던 남편이 생각나면서 아마도 임신과 출산을 이제는 더 이상 안 해도 된다는 안심과 그동안의 서러움 등이 뒤엉킨 복잡한 감정이 눈물을 쏟아 내게 했던 것 같다.

1987년 여름은 무척 더웠다. 첫아이도 무리 없이 모유 수유를 했기에 둘째 아이도 크게 신경 쓰지 않고 젖을 먹였다. 하지만 잘못 판단한 것이었다. 아기가 먹는 양에 비해 모유가 원활하게 나오지 않았다. 아이가 젖을 빨 때마다 젖꼭지가 피범벅이 되었다. 마치 고문을 받는 것처럼 고통스러웠다. 산후조리 때문에 선풍기도 제대로 틀지 못했다. 추위는 엄청 타고 더위는 비교적 잘 넘기던 내가 그해 이후로는 여름과 겨울 둘 다 넘기기 힘든 체질로 변하고 말았다. 그리고 한 달도 쉬지 못하고 방송국에 복귀했다.

그때는 왜 나만 힘들게 살아야 하나 싶었다. 나만 부당한 대우를 받는 것 같았다. 지금 생각하면 어려운 고비들이 지금의 나를 단단하게 만들기 위한 담금질이었다는 생각이 든다.

인생을 살다 보면 어렵고 고통스러운 순간들이 많다. 그렇다고 절망에 빠져 있거나 원망만 했다면 아무것도 이루지 못했을 것이다. 당시에는 힘들고 괴로워서 그만두고 싶을 때가 많았다. 그러나 나이 들어서 생각해보니 젊을 때 담금질이 있었기에 어려움이 닥쳐도 이겨내는 힘을 키울 수 있었다.

피할 수 없다면
즐겨라

살다 보면 전혀 예상치 못한 일이 닥치기도 한다.
하지만 어쩌면 또 다른 인생의 에피소드가 열릴 수 있다.

살다 보면 어느 날 갑자기 예상하지 못한 일들이 닥치곤 한다. 아침 출근길에 자동차 사고가 날 수도 있고, 계단에서 발을 잘못 디뎌 다리를 다칠 수도 있다. 추석 연휴에 냉장고가 고장 나는 바람에 AS도 받지 못하고 차례 음식이 상해 모두 버린 적도 있다. 회오리바람에 간판이 떨어져 나를 덮칠 수도 있다. 갑작스러운 지방 발령도 그런 일들 중 하나였다.

갑작스러운 지방 발령

1995년 5월 어느 날 편성국장이 나를 불러 내일모레 날짜로 광주 CBS로 발령이 났다고 통보했다. 당시 아이들은 초등학교 5학년과 2학년이었다. 구성작가였던 남편은 텔레비전 새벽 프로그램을 하느라 이틀에 한 번은 밤샘 작업을 했다. 그 순간 마치 벼락에 맞은 듯한 느낌이었다.

각 방송사들마다 지역국들이 있다. MBC와 SBS는 자회사 형태여서 순환 근무를 할 일이 거의 없다. KBS는 지역국 형태로 본사와 교류가 있다. CBS도 10여 개의 지역국을 두고 있어 순환 근무를 시행했다.

이틀 뒤에 광주로 내려가야 하는 상황이 되니, 여러 가지 생각들이 떠올랐다. '이참에 그만두는 것이 어떨까? 아직 어린 아이들을 돌봐야 하는데 어쩌지?' 목동에서 가양동으로 이사 온 뒤로는 가사도우미도 없는 상태였다. 아들의 학교는 엄마들이 급식 당번으로 가서 밥을 퍼주어야 했고, 스케이트장에서는 스케이트 끈도 매주어야 했다. 아직은 엄마의 손길이 필요한 아이들이었다. 프리랜서 남편은 비교적 시간이 자유로웠다. 하지만 온전히 프로그램을 구상하고 준비하는 시간이 많이 필요했다.

회사에서 나가라는 뜻인가? 나를 왜 이렇게 취급하지? 의연하게 대처하고 싶었지만 현실적인 문제를 생각하니 앞이 캄캄했다. 이성적으로 대처하려고 어금니를 꽉 깨물었지만 눈물이 펑펑 쏟아졌다. 설움의 수도꼭지가 터져버렸다. 짧은 순간에 많은 생각들이 오갔다.

40대 중반에 그만두면 무슨 일을 할 수 있을까?

머리에 쥐가 나도록 고민하고 남편과 의논한 끝에 일단 지방으로 가는 것을 선택했다. 남편은 자신이 아이들을 돌보겠다며 나를 지지해주었다. 남편은 이것을 기점으로 텔레비전 쪽 일을 그만두었다.

어떤 이유로 나를 광주로 보내는지는 알 수 없었지만 어쩌면 또 다른 인생의 에피소드가 열릴 수 있을 것이라고 생각했다. 피할 수 없으면 즐기자고 나 스스로를 다독였다.

지방 발령을 받고 준비할 시간은 일주일도 되지 않았다. 본부장급은 그나마 사택이 있었지만 그렇지 않은 경우 살 집도 마련해야 했다. 서울에서도 정리할 것들이 많았다. 특히 자녀가 있는 여성은 고려해야 할 일들이 더욱 많았다. 당시에는 이런 비인간적인 처사가 비일비재했다. 회사는 결코 개인의 사정을 헤아려주지 않는다. 불만이 있으면 그만두거나 맞출 수밖에 없다.

피할 수 없으면 즐겨라

우여곡절 끝에 광주 지역국 직원들이 열심히 집을 알아봐 주어서 방송국 근처 아파트 방 한 칸에 세를 들어 살게 되었다. 아직까지는 생애 처음이자 마지막으로 혼자 생활하는 시간이었다. 미혼일 때는 부모님과 동생들, 결혼해서는 시어머니와 남편과 함께 살았다.

어려움이 닥쳐도 피할 수 없으면 즐기라는 말이 있다. 나는 그런 면에서는 긍정적인 편이다. 조직은 역시 냉정하다. 뭔가 필요하다

싫으면 생색을 내고, 자신들에게 적합하지 못하면 가차 없이 내동댕이친다.

이럴 때 귀로에 선다. 사표를 쓸 것인가? 아니면 감수하고 계속 다닐 것인가? 물론 계속 다니는 것만이 능사는 아니다. 10 대 90 정도로 아니다 싶으면 과감히 사표를 던질 필요도 있다. 그러나 49 대 51일 때는 다녀야 한다.

어차피 인생은 긴 여정이다. 자신 없는 분야에서 성적이 좋지 않을 때마다 그만둔다면 아무것도 이룰 수 없다. 지방 발령을 받아서 내려간다고 하니 아들 친구의 엄마가 나를 질책했다. 아이를 팽개치고 내 생각만 한다는 투였다.

자신을 지나치게 희생한다는 생각이 들면 결국 그 화살이 상대방에게 돌아간다. 자식이든 남편이든 다른 가족이든 마찬가지다. 희생을 하는 만큼 물질적이든 정신적이든 보상을 원하는 것이 인지상정이다.

결국은 나 자신을 먼저 생각해야 한다. 이타적이고 자신을 희생하는 사람들일수록 생색 내는 경우가 많다. 면전에서는 그러지 않아도 뒤로는 섭섭하게 생각하며 뭔가를 바란다.

나는 어떤 중요한 일을 결정할 때 좋게 말하면 쿨하게, 나쁘게 말하면 이기적으로 선택하는 경우가 많았다. 남을 원망하거나 탓하지도 않는다. 어차피 인생은 혼자 왔다가 혼자 가는 거 아닌가.

물론 그렇다고 무조건 냉정하고 이기적으로 행동하라는 뜻이 아니다. 나는 너를 위해서 희생했는데 너는 나를 위해서 뭘 해주었냐는 원망을 하고 싶지 않다.

내일이 없는 사람처럼 살아라

내가 광주에 내려간 것은 5·18민주화운동 기념일 며칠 전이었다. 선입견이 있었던 어머니는 그렇게 험한 곳에 간다고 걱정했지만, 정 많은 동료들과 방송을 통해 만난 사람들의 도움으로 생활하는 데는 문제없었다. 휴대전화도 없던 시절 밤에 갑자기 아이가 아프다고 전화 오면 서울로 달려가고 싶은 마음을 억누를 길 없어 눈물을 훔치며 괴로워한 적도 많았다. 반면 혼자만의 삶을 즐기면서 또 다른 나를 찾기도 했다.

인간은 자신을 둘러싸고 있는 자연을 닮는다. 각 고장마다 색깔과 특징이 있다. 평야가 많고 곡식이 풍부한 곳의 사람들은 여유가 있고, 산악 지대가 많아 먹고살기 어려운 곳 사람들은 어려움을 극복해나가기 위해 진취적이고 도전적인 경향이 있다. 물론 지방색으로 개개인을 평가해서는 안 된다.

처음 비행기에서 광주공항에 내릴 때의 풍광이 잊혀지지 않는다. 푸르른 5월의 햇살 아래 서울 근교 산들과 달리 어머니의 품처럼 둥글고 아름다운 산과 초록의 나뭇잎 아래로 논밭의 연둣빛이 어우러진 정경이 지금도 눈에 선하다.

생전 처음 발을 디딘 곳에서 8개월 동안 근무하다가 다시 서울로 발령받은 것이 그해 12월이었다. 그 뒤로 한 번도 광주에 다시 가지 못했다. 짧은 기간 정이 많이 든 곳이어서 언제든 찾아갈 것 같았지만, 이런저런 이유로 지금까지 가지 못하고 있다.

그래서 오늘을 후회 없이 살아야 한다. 내일이 없다는 마음가짐으로 오늘을 열심히 즐기고 살아라. 다음을 기약해도 다시 못 가거나 못 만날지도 모른다. 매 순간의 선택은 최선이든 아니든 그것대로 가는 것이다.

목소리에도
유행이 있다

물을 자주 마시고 성대 점막 탄력 강화 운동을
하면 젊은 목소리를 유지할 수 있다.

나이가 들면 자연스럽게 찾아오는 것이 노화이지만 가장 늦게 노화가 진행되는 것이 목소리라고 한다. 전화로 섭외를 해서 만나면 "목소리는 30대 같았는데"라고 말하는 게스트들도 있었다. 지금도 가끔 지인들과 전화 통화를 하면 목소리는 아직도 쌩쌩하다는 이야기를 듣는다.

목소리도 어쩔 수 없이 늙는다. 생물학적으로는 그렇다. 나이가 들면서 전신 근육이 점점 빠져나가는데 성대와 그 주변도 위축되어 목소리가 달라지는 것이다. 노화가 진행되면서 인대를 수축·이완시키는 탄성섬유가 쪼그라들고, 인대 곁에 붙어 있는 점막이 탄력을 잃어 양쪽 성대가 제대로 닫히지 않아 쉰 소리, 쇳소리, 갈라지는 소리가 날 수 있다. 목소리가 자주 쉬는 사람들은 기관지나 폐뿐만 아니라 역류성 식도염도 의심해봐야 한다.

여성은 높은 음역대가 먼저 노화된다. 남자는 나이가 들수록 목소리가 높아지고 여성은 낮아진다. 가수 양희은처럼 정말 좋은 목소리와 발성을 가진 가수도 젊은 시절 음반을 들어보면 목소리가 달라졌음을 느낀다. 그녀는 예순이 넘은 지금도 열심히 노래를 부르고 공연한다. 놀랍게도 몇십 년째 아침 방송을 진행하고 있으며, 노래 선생님에게 계속 트레이닝을 받는다고 한다.

그녀는 소프라노 발성이 안 되는 부분을 다른 창법으로 다듬어서 더욱 완숙하고 호소력 있는 목소리를 내고 있다. 프로페셔널한 자세에 존경심마저 든다.

목소리가 첫인상을 결정한다

오랫동안 목소리로 소통하는 일을 하다 보니 자연스럽게 목소리도 트렌드가 있다는 것을 깨달았다. 1950~1960년대만 해도 훨씬 까칠하고 명확한 목소리가 대세였다. 대표적인 사람이 강영숙 아나운서이다. 북한 방송에 나오는 아나운서와 비슷한 톤이다.

1970년대는 임국희 아나운서의 목소리가 대세였다. 1960년대에 남자는 임택근과 이광재 아나운서의 테너 톤이 대세였고, 1960년대 말부터 1970년대 남자 목소리는 바리톤의 강하고 울림이 큰 목소리가 각광받았다. 대표적으로 전영우 아나운서를 들 수 있다.

1990년대 이후 손석희 앵커와 같은 테너 목소리가 대세였고, 지금은 이병헌이나 김남길 같은 부드러운 테너를 선호한다. 박서준과 공유처럼 편안한 목소리도 좋은 평을 받는다. 사람은 성대를 통해 발성하는데 성문이 목소리의 특성을 좌우한다.

성대가 망가지거나 뇌의 언어중추에 문제가 생겨서 목소리가 나오지 않아 아나운서를 그만두는 사람들도 있다. 다행히 나는 성대가 선천적으로 튼튼했다. 같이 일하는 피디가 목청을 아끼라고 농담할 정도로 목소리가 큰 편이다.

아나운서 시험을 보러 오는 친구들에게 왜 아나운서가 되려고 하는지 물어보면, 대부분 "초등학교 때 선생님이 목소리가 좋다고 했어요", "책을 잘 읽는다고 했어요"라고 대답한다.

나도 어릴 때부터 목소리가 좋다는 소리를 종종 들었다. 고등학교 때 문학의 밤에서 시낭송을 했는데 친구들이 호소력 있는 목소리라고 칭찬해주었다. 그때 아나운서라는 직업을 생각하게 되었다.

미국의 뇌과학자 폴 왈렌(Paul J. Whalen)의 연구에 의하면, 우리는 뇌의 편도체를 통해 0.1초도 안 되는 극히 짧은 순간 상대방에 대한 호감도와 신뢰도를 평가한다고 한다. 첫인상을 결정하는 중요한 요인은 외모, 목소리, 어휘 순이다.

우리는 사람을 평가할 때 시각적 요소에 의지하는 경향이 강하다고 생각하지만 사실 청각적 요소의 비중이 높다. 외모 못지않게 목소리로 상대방을 평가하는 경향이 있다는 것이다.

내가 아나운서 시험을 봤던 1970년대 중반에 여성은 맑고 톤이 높은 목소리가 대세였다. 아니면 아예 〈밤의 플랫폼〉을 진행하던 성우 김세원씨 같은 부드러운 목소리였다. 나는 당시의 유행보다는 약간 굵은 목소리였다. 그래서 처음에 떨어졌다가 추가로 합격하지 않았나 싶다.

목소리도 발성 훈련으로 다듬어질 수 있다

요즘은 아나운서처럼 목소리 훈련을 받지 않은 사람들도 방송을 하는 시대다. 팟캐스트나 유튜브를 통해 1인 방송 시대가 열렸다. 또 직업적으로 프레젠테이션을 해야 하는 경우도 많다. 그래서 목소리 훈련을 받고 싶어 하는 사람들도 많은데 나도 개인적으로 보이스 코칭을 해주기도 했다.

기본적으로 목소리를 잘 내기 위해서는 공명, 즉 울림소리가 확실한 발성이 중요하다. 울림소리를 만들기 위해서는 기본적으로 입안의 아치를 넓혀야 한다. 입을 크게 벌렸을 때 목젖을 위로 들어 아치 모양을 크게 만들면 좋은 소리가 나온다.

그다음으로 중요한 것은 복식호흡이다. 남성들은 주로 복식호흡을 하는데 여성들은 대체로 흉식호흡이 많다. 친구들과 수다를 떨면 목이 피로한데, 방송은 몇 시간을 계속해도 괜찮은 이유가 호흡의 차이에 있다.

속도와 완급 조절 또한 중요한 요소이다. 요즘은 이비인후과에서도 음성과 발성 치료와 코칭을 해준다. 자신에게 맞는 발성을 연습하면 훨씬 더 설득력 있는 목소리를 낼 수 있다.

목소리 톤과 높낮이는 성대, 성문과 밀접한 관련이 있다. 자신에게 맞는 톤을 찾지 못하면 성대결절이 생길 수 있다. 말할 때는 여성의 경우 성문이 1초에 200회 이상(남성은 100회 이상) 진동하는데 이때 성문이 제 위치에서 닫히지 못하면 무리가 간다.

다른 기관보다 늦을 뿐 목소리도 노화를 피할 수 없다. 비교적 오랫동안 젊은 목소리를 유지하려면 성대점막 탄력을 강화하는 구강 운동을 수시로 하는 것이 좋다. 혀를 입천장 쪽으로 구부려 '으르르르' 소리를 내서 혀를 진동시키거나 턱과 목젖 사이를 양손으로 잡고 후두 부위를 둥글게 마사지하는 것도 효과적이다.

6개월마다 새로운 전쟁터로

내게 던져진 것을 내 것으로 만들 때
인생이 즐겁고 행복하다.

무엇이든 처음 할 때는 무섭고 떨리기 마련이다. 조금씩 익혀가다 보면 마치 몸에 맞는 옷을 입은 것처럼 순조롭게 진행된다.

항상 생각이 많고 열등감이 심했던 나는 막연한 앞날과 세상 돌아가는 일, 나 자신에 대해 생각하고 또 생각했다. 나는 누구일까? 어떻게 살아야 하나? 잘살고 있나? 수많은 의문부호가 생겼지만 답을 얻지는 못했다. 다만 나에게 던져진 것은 무엇이든 내 것으로 만들려는 의지만은 강했다.

나를 규정하면 포기가 따른다

초등학교 때 반장 역할을 제대로 하지 못해 사람들 앞에 나서지 못하는 트라우마가 생겼지만, 무엇이든 주어지면 열심히 적극적으로 해냈다. 미션스쿨(기독교 학교)인 이화여중에 입학했을 때는 선생님들을 비롯해 누구도 강요하거나 권유하지 않았는데 교회에 다녀야 할 것 같았다. 그렇게 해서 찾은 것이 지금도 마음의 고향으로 남아 있는 동도교회이다. 중등부에서 임원으로 활동했고, 유년 주일학교 교사로 일해보겠냐는 제의에도 선뜻 응했다.

초등부를 가르치는 것도 아니고 온갖 서무를 보는 일이었는데도 즐거웠다. 예배가 끝나고 먹는 비빔밥에 끌린 것이 아닌가 싶기도 하다. 배를 곯을 만큼 가난한 집은 아니었지만 온갖 나물과 고기가 들어가고 윤기 나는 달걀 프라이가 올려진 비빔밥은 정말 맛있었다.

인생의 중요한 결정을 내릴 때조차 아주 사소한 장점이 작용하기도 한다. 지금 생각해보면 내가 하나님의 손을 잡은 것이 아니라 하나님의 섭리가 나를 인도한 것 같다.

CBS에 입사해서도 마찬가지였다. 다른 동료들보다 두 달 늦게 추가 입사한 나는 하고 싶은 것이 무엇인지를 찾기도 전에 퇴사한 동료의 반자리를 메우는 일부터 주어졌다. 그다음에 맡은 것이 20분짜리 생활 정보 프로그램 〈엄마의 시장 정보〉 진행이었다. 시장에 가서 서민들의 체감 물가를 전해주는 프로그램이었는데 직접 현장을 방문해서 알아보는 재미가 있었다.

수습을 미처 떼기도 전에 가요 프로그램을 진행에 투입되었다. 내가 욕심을 가지고 미친 듯이 도전해서 쟁취해나가는 것이 인생의 목표였다면 오히려 좌절했을지도 모른다. 좌절할 것을 두려워한 나머지 나의 자아 한구석에 도피처를 마련했을 것이다. 어쨌든 가슴속의 불안과 두려움의 회오리는 금방 밀어내고 새로 주어진 프로그램에 최선을 다했다.

요즘은 K팝이 대세이지만 팝송이 문화를 주도하던 시절이었다. 당시에 가요는 뭔가 싸구려 취급을 받았고, 저급한 문화라는 인식이 있었다. 그래서 아나운서들이 맡고 싶어 하는 프로그램도 대부분 팝이나 클래식이었다. 가요 프로그램은 뒤늦게 들어온 나에게 배당되었다.

남자 아나운서와 함께 진행을 맡았는데, 선배의 지독한 텃새에 시달렸다. 선배는 나를 가르치려고 했는지도 모른다. 하지만 나에게는 좌절의 연속이었다. 작가도 없이 피디가 전체적인 그림만 그려주면 초대하는 게스트에 맞춰 질문을 만드는 것은 진행자의 몫이었다. 선배가 나 혼자 질문을 준비해보라고 했다. 하지만 내가 준비한 질문은 할 시간도 없이 자신이 정리한 것만 해버리고 끝나는 경우가 허다했다.

내가 준비한 멘트는 모두 도외시되고 본인이 하고 싶은 것만 하는 선배가 미웠다. 하지만 지금 생각해보니 그것도 나에게는 하나의 훈련이었다. 어릴 때는 자신에게만 불운이 닥치는 듯이 힘들어한다. 하지만 세월이 지나 인생의 긴 잣대로 보면 발판을 마련한 주춧돌 역할을 했던 것들이 많다.

오늘은 내 인생의 첫날

1976년 1월 입사해서 1980년 가을 방송 통폐합이라는 엄청난 시련 속에서도 아나운서실을 떠나지 않고 계속 활동했고, 1994년 18년 만에 한국방송대상 여자 아나운서상을 수상했다. 그런데 그해 말 피디 파트로 발령이 나고 말았다. 2013년 정년 퇴직까지 19년 동안은 프로그램 제작과 진행을 병행했다. 아나운서만 하다가 갑자기 피디들을 관리하고 지원하는 파트로 던져지자 처음에는 갈피를 잡지 못했다. 그러나 다시 현실과 마주하며 나를 적응시켜나갔다.

삶에서 오늘은 늘 내 인생의 첫날이다. 우리는 같은 강물에 발을 두 번 담글 수 없기 때문이다. 처음이 아닌 것은 없다. 오늘이 어제와 다르고 내일은 또 오늘과 다를 것이다. 인생은 어쩌면 던져지는 것이란 생각이 든다. 엄마의 배 속에서 세상에 던져지듯이 말이다. 내 의지로 부모와 국가를 선택하는 것이 아니다. 나는 그저 대한민국에, 내 부모님의 딸로 던져졌다. 이것이 주어지는 대로 살아내야 하는 인간의 숙명인지도 모른다.

건강 프로그램 〈웰빙 다이어리〉를 만나다

특별한 것을 찾다 보면
돈만 허비하게 된다.

텔레비전이 등장했을 때 대부분의 사람들은 라디오가 사라질 거라고 전망했다. 내가 어릴 때만 해도 라디오가 귀했다. 집집마다 라디오가 보급되고, 나아가 전기를 꼽지 않아도 아무 데서나 들을 수 있는 트랜지스터 라디오의 등장은 획기적이었다. 전자책이 보급되자 종이책이 사라질 거라고 속단한 것과 같다.

텔레비전을 넘어서 동영상을 공유하는 유튜브가 세상을 지배하는 지금도 라디오는 사라지지 않았다. 휴대폰으로도 라디오를 들을 수 있으니, 소멸한 것이 아니라 형태를 바꾼 것이다.

라디오는 절대 사라지지 않는다

온갖 영상매체에 피로를 느낀 사람들은 귀로만 듣는 오디오 매체들이 정겹게 다가온다. 눈이 보이지 않는 사람들을 위해서라도 소리로 전달하는 것은 매우 중요하다. 이런저런 이유로 라디오 방송 자체는 소멸하지 않고 어떤 형태로든 존재할 것이다.

라디오 진행자와 피디를 지낸 37년 동안 방송사를 알리는 콜사인이 포함된 시각 고지부터 뉴스, 교양이나 정보, 오락, 음악, 상담 등 온갖 프로그램을 경험했다. 한동안 음악 프로그램 피디로 올드팝부터 가요, 클래식, CCM(대중적 기독교 음악), 가스펠송까지 모든 장르를 섭렵했다.

보통 방송사들은 봄과 가을, 1년에 두 번 개편한다. 프로그램을 새롭게 바꾸거나 진행자와 피디가 교체되기도 한다. 새로운 프로그램을 선보이기 위해 대부분의 방송사들이 이런 관행을 지킨다.

라디오 방송은 피디나 진행자의 개성을 돋보이게 하고 능력을 최대치로 끌어올려서 청취율을 높이는 것이 목적이다. 2005년 가을 개편에서 갑자기 신설된 정보 프로그램 〈웰빙 다이어리〉를 맡게 되었다.

신설 프로그램은 시쳇말로 맨땅에 헤딩이다. 프로그램 제목부터 시그널 음악, 포맷, 코드 음악, 게스트 섭외 등 물밑에서 준비하고 코너를 짜는 일들이 유기적으로 이루어져야 한다. 게다가 쥐꼬리만 한 예산으로 감당해야 한다. 인력 지원은 엄두도 내지 못하고 혼자 해내야 한다.

그 당시 98.1 CBS 표준 FM은 시사 중심 채널이었다. 새벽 6시부터 9시까지 버라이어티 뉴스 프로그램, 9시부터 11시까지 오전 시사 프로그램이 편성되었다. 어느 방송사든 이익을 내기 위해서는 최소한의 투자로 최대의 효과를 내야 한다.

정해진 예산을 어떻게 활용해서 최대의 효과를 낼 것인가가 관건이었다. 나는 신설 프로그램에 어떻게 양념을 쳐서 재미와 정보를 모두 제공할지 고민하는 데 전력을 모았다. 오래 대담하면 지루할 테니 짧게 사람들의 흥미를 끌어내는 장치를 많이 넣어서 승부를 보기로 했다.

프로그램을 만드는 피디는 두 가지 유형이 있다. 음악 프로그램의 경우 늘 음악을 듣는 사람들에게 자연스러운 즐거움을 주는 것이 1차 목표라고 생각하는 피디가 있다. 그리고 어떤 메시지를 주면서 유익한 정보를 제공하는 것을 목표로 삼는 피디가 있다. 전자는 부담이 없지만 성의가 부족하게 느껴질 수 있다. 후자는 유익하지만 재미없기 쉽다. 재미있고 유익한 것이 이상적이지만 현실에서는 두 가지를 모두 충족하기 어렵다.

나는 청취자에게는 쉽고 재미있게, 진행자도 즐거운 프로그램을 만들고 싶었다. 내가 흥미 있어야 남들에게도 재미있게 전달할 수 있다. 만드는 사람이 흥미를 가지지 못하는데 듣는 사람이 흥미를 느낄 리 없다.

그렇게 시작한 것이 〈웰빙 다이어리〉였다. 처음에는 건강뿐 아니라 웰빙 관련 오락적인 요소가 있었다. 그러다가 앞 프로그램의 성격이 바뀌면서 전통 건강 정보만 다루게 됐다. 그렇게 〈웰빙 다이어리〉는 내 방송생활 후반부 10년을 동고동락하게 되었다.

프로그램을 하면서 의사를 비롯해 건강을 책임지는 여러 분야에서 자신만의 방법을 모색하는 전문가들을 만났다. 그러자 마치 내가 건강 전문가라도 된 듯 방송국 선후배들이 건강에 문제가 생기거나 병원에 가야 할 일이 생기면 1차로 나에게 상담을 청하곤 했다.

친절하게 설명하는 의사에게 쏠린다

흉부외과 전문의로 일하다 하지 정맥류 전문병원을 개업한 정원석 원장은 자주 방송을 하고 개인적으로도 친분이 있어서 의료상의 문제가 생길 때마다 조언을 구한다. 그는 일반인보다는 의료 상식을 훨씬 더 많이 알고 있지만, 특정한 분야에 대해서는 잘 모르는 것들이 있다고 솔직히 고백한다. 친구들 모임에서도 건강 상담을 받으면 진료의 연장처럼 느껴지기도 한다고 했다.

의사들과 방송을 하다 보니 특정 분야에 대한 지식이 깊지는 않아도 전체적으로 객관적인 정보를 더 많이 알 수 있었다. 여러 분야를 짜깁기하는 능력이 길러진 것 같다. 적어도 진실인 양 호도되는 건강 상식에 휘말리지 않는다.

공식적인 라디오에서는 차마 하지 못했던 이야기를 정년퇴직 후 팟캐스트 방송 〈건강 솔까말〉에서 비교적 솔직하게 알려주었다. 장삿속이 지나친 쇼 닥터가 권하는 건강 기능 식품을 걸러내는 안목 정도는 생겼다.

건강의 비법이나 장수의 비결은 끊임없는 화두이다. 나이가 점점 들어가면서 그저 오래 사는 것이 아니라 건강하게 사는 것이 중요하다는 것을 절감한다.

건강 프로그램을 만들면서 무수한 방법들을 제시하는 전문가들을 만났지만, 결론은 왕도가 없다는 것이다. 자신에게 맞는 방법으로 관리하고, 즐겁고 행복하게 사는 것이 건강의 비결이다.

프로로 살 것인가?
아마추어로 남을 것인가?

인생 2막에는 성과보다
자신의 가치를 찾아라.

교회에서 처음 탁구를 배운 이후로 탁구는 쉬지 않고 꾸준히 해왔다. 별도의 레슨을 받지는 않았지만 탁구를 잘하는 사람들이 코치를 해주었다.

아나운서실에서도 탁구를 좋아하는 사람들이 모여 함께 시합하다 보니 자신감이 생겼다. 여자 동료 중에는 나보다 오래 탁구를 친 사람이 없어 주로 남자 동료들과 시합을 하다 보니 파워와 순발력이 붙었다.

어느 날 중학생 때 선수를 하다가 그만둔 친구와 탁구 시합을 했다. 아마추어였다 해도 선수 트레이닝을 받은 친구에게 상대가 되지 않았다. 점수를 한 점도 얻지 못하고 완패했다.

아마추어를 탈피하는 데 필요한 것들

어떤 분야든 승부욕이나 기본기, 실력에 있어서 프로페셔널과 아마추어의 차이는 엄청나다. 어떤 직업이든 겉으로 보이는 모습과 실제 모습은 다르기 마련이다. 방송 생활은 사실상 3D 업종에 가깝다. CBS가 목동으로 옮긴 지 얼마 안 되었을 때 드라마 제작사가 입주하면서 우리 사무실이 있는 2층에서 뭔가를 찍는 모습을 자주 보았다. 특히 텔레비전 드라마와 예능은 정해진 시간과 날짜에 최대한 촬영해야 하므로 몇 날 며칠을 집에 들어가지 못하는 경우가 허다했다. 식사도 대충 때우고 제대로 씻지도 못한 채 일하는 모습은 패잔병이나 마찬가지였다.

지금도 방송 환경 개선이라든가 표준 계약서 문제가 제기되는 것을 보면 앞으로도 쉽게 나아지기는 어려울 듯하다. 겉으로는 화려해 보이지만 그것을 만드는 스태프나 직접 방송을 진행하는 사람들의 스트레스는 클 수밖에 없다. 게다가 최선을 다해 만든 작품이 청취율이나 시청률이 안 나올 때는 그동안의 노력이 물거품되는 허무함을 맛보기도 한다.

마음 자세가 중요하다

직장에 들어오자마자 아마추어가 곧바로 프로가 되는 것은 아니다. 그런데도 자신의 권리는 찾고 의무는 어디에 있는지 모르는 사람들이 있다. 성적 위주로 채용하다 보면 부적절한 사람들이 입사하는 경우가 많다.

기업 인사 담당자 10명 중 7명은 잘못된 채용을 한 적이 있다고 대답했다. 이들은 반드시 채용을 피해야 할 유형으로 팀 내 동료들과 계속 문제를 일으키는 트러블 메이커를 1위로 꼽았다.

오랫동안 일하려면 무엇보다 프로 근성을 가져야 한다. 오직 월급을 받기 위해 직장을 다니는 것만큼 슬픈 일도 없다. 나도 월급을 받고 일했지만 돈을 벌기 위해 다닌다는 생각을 해본 적은 없다.

특히 아나운서는 자신이 그대로 방송에 노출되는 직업이다. 큐시트에 적힌 대로 방송하기는 어렵다. 위기의 순간에는 순발력 있게 멘트를 이어가야 한다. 방송에서는 6초만 블랭크(blank, 아무 소리도 안 나는 상태)가 나도 경위서를 써야 한다. 특히 생방송에서는 애드리브를 해야 하는 돌발 상황도 수시로 발생하니 그만큼 긴장하지 않을 수 없다. 그런 상황에서 자신의 지식이나 생각이 그대로 노출된다.

신입사원으로 입사하면 처음에 프로 정신을 강조하며 일련의 전문적인 교육을 한다. 주인의식을 가지고 일하지 않으면 제대로 된 방송이 나올 수 없다. 진정한 프로 정신이 있을 때 오래 지속할 수 있고 청취자들에게 사랑받을 수 있다.

눈앞의 이익만을 좇으면 돈을 많이 벌 수는 있어도 행복한 삶을 살

수는 없다. 특히 청취자와 교감하고 소통하는 라디오 방송 진행자들은 진심을 전할 때 비로소 듣는 이에게 다가설 수 있다.

아마추어와 프로의 차이는 돈이 아닌 마음 자세이다. 인생 2막에는 더욱 그렇다. 1막에서는 성과를 부풀리고 남에게 보여주는 삶에 급급했다면, 2막은 자신의 진정한 가치를 스스로 찾아야 한다.

3장

★

건강하고 스타일리시하게 살아가려면

★

내 인생 최고의 몸무게가 안겨준 트라우마

뚱뚱하고 퍼진 몸으로
살지 마라.

보통 중학교는 신장기, 고등학교는 충실기라고 한다. 중학교 2학년에서 3학년으로 넘어가는 시기에 여자아이들은 생리가 시작된다. 생리를 하기 전에는 키가 크지만, 이후에는 키가 성장하기보다는 여성스러운 굴곡이 나타나기 시작한다. 물론 요즘은 영양 상태가 좋아서 초등학교 때 생리를 시작하는 아이들도 많다.

내가 처음 생리를 시작한 것은 중학교 2학년 때였다. 초등학교에서 중학교 1학년으로 올라갈 때는 7센티미터, 중학교 2학년부터 중학교 3학년까지 7센티미터 정도 자랐다. 중학교 3학년이 될 무렵에는 키에 비해 몸무게가 더 불어났다.

평생을 따라다닌 몸무게 콤플렉스

사람은 기억하는 데도 자기만의 기준이 있는 듯하다. 키는 정확히 기억나는데 몸무게는 전혀 기억나지 않는다. 몸무게를 생각하는 것 자체가 스트레스여서 기억에서 아예 지워버렸는지도 모르겠다. 중학교 3학년에 올라갈 때 엄마가 재봉틀로 체육복을 거의 5센티미터 이상 늘여주었던 기억이 난다. 새 옷을 사주기 어려운 형편이었다.

그때부터는 뚱뚱한 몸이 콤플렉스였다. 한창 수험 준비를 하던 고등학교 3학년 때 몸무게의 정점을 찍었고, 대학에 입학할 무렵에는 일생 최고의 몸무게를 기록했다. 그때는 공부를 하느라 다이어트는 생각도 하지 않았다.

밤참으로 도시락을 싸서 독서실에 가던 때였다. 반찬이라고는 엄마가 직접 담근 김치뿐이었지만 친구들과 맛있게 먹고, 통행금지 시간이 되면 집에 가지 못하고 밤을 새우곤 했다. 책상 앞에 앉아 있는 시간이 길어질수록 몸무게는 더 늘었다.

여러 가지 콤플렉스 중에서도 가장 심했던 것이 뚱뚱한 몸이었다. 뚱뚱하다는 콤플렉스는 나를 나락으로 떨어뜨렸다. 그렇다고 소심하게 굴지는 않고, 톡톡 튀는 나의 화술로 덮어버리려 했다. 좋아하는 남자에게는 말도 못 붙이면서 말이다. 뚱뚱하다는 콤플렉스에 시달리며 남자들이 나를 좋아하지 않을 거라고 생각했다. 이 열등감이 항상 몸무게에 신경 쓰게 만들었다.

저절로 다이어트가 되던 대학 생활

대학 생활을 하는 동안 저절로 살이 빠졌다. 고등학교처럼 한자리에 계속 앉아 있는 것이 아니라 강의실을 돌아다녀야 하니 자연스럽게 운동량이 늘었다. 더구나 넉넉하지 못한 집안 형편 때문에 용돈이 궁해 맘껏 사 먹지도 못했다.

고등학교 3학년 담임이셨던 김성희 선생님의 주선으로 가정교사를 하러 미아동과 성북동을 드나들었다. 그렇게 행동 반경도 넓고 움직임이 많은 반면 먹을 일은 별로 없었다. 25~30원 하던 라면으로 점심 한 끼를 때우는 것이 전부였다. 학교 신문기자를 할 때 회식이 특히 반가웠다. 주로 불고기나 설렁탕 또는 중국집에서 회식을 했는데, 먹는 것으로 사기를 돋웠다고 할 수 있다.

한국의 회식 문화는 먹을 것이 없던 시절의 유품인지도 모른다. 이순신 장군도 부하들의 사기를 진작하기 위해 회식을 많이 했다는 기록이 있다.

대학교 4학년쯤에는 제법 살이 빠져서 입사 시험을 치를 무렵 표준 체중을 유지했다. 그러나 사춘기 시절 뚱뚱한 몸 때문에 스트레스를 받은 기억은 일생을 따라다녔다.

지금 미국에 살고 있는 아들 승환이는 어릴 때부터 먹성도 좋고 엄청 뚱뚱했다. “살 좀 빼라”, “운동 좀 해라”는 사람들의 말에 심한 상처를 입었다. 미국에서 자기보다 뚱뚱한 사람들이 많은 것을 보고서야 안심했다. 이것이 미국에서 살고 싶은 계기가 되기도 했다.

갱년기 이후 나잇살을 관리하는 법

여성들은 50세가 넘어 폐경이 되면 자연스럽게 뱃살이 찐다. 폐경 이후에는 기초대사량이 줄기 때문에 젊었을 때보다 살이 잘 빠지지 않는다. 연예인들은 '맛있게 먹으면 0칼로리'라고 외치며 화면에서는 열심히 먹는 모습을 보여준다. 하지만 그들은 대중에게 보여주기 위해 치열하게 체중 조절을 한다.

운동으로 살을 빼는 것은 거의 불가능하다. 체중이 60킬로그램인 사람이 30분 동안 걸으면 95칼로리가 소모되는데 밥 한 공기가 200~300칼로리다. 밥 한 공기에 해당하는 칼로리를 소모하려면 1시간 30분을 걸어야 한다. 물론 꾸준히 운동하는 것이 좋다. 하지만 살을 빼는 데는 음식 조절이 더 중요하다.

나는 나이가 들어서도 적당한 몸무게를 유지하기 위해 항상 식이요법을 한다. 건강도 중요하지만 무엇보다 뚱뚱하고 퍼진 몸으로 살고 싶지 않다. 핏이 살아 있는 몸매를 유지하면 나이가 들어서도 젊은이 못지않게 멋스러운 패션을 소화할 수 있다.

다이어트와 평생 친구하는 법

뱃살이 찌지 않으려면 탄수화물을 반드시 체크하라.
매일 몸무게를 재고 조금이라도 늘었다면 먹는 양을 조절하라.

나이가 들면 자연스럽게 뱃살이 찐다. 그러나 나이라는 테두리 안에서 무엇이든 용서가 되는 것은 아니다. 100세 시대에 50세 전후로 폐경(완경이라고 부르기를 권한다)이 온다면 인생의 나머지 절반인 50년 정도를 이런 상태에서 살아야 한다.

과거와는 다른 잣대로 생각해야 할 지점이다. 여자들은 초경이 지나고 신장기에서 충실기, 즉 키 성장이 멈추면서 부드러운 여성의 몸매가 자리 잡기 시작할 때 지방이 급격이 늘어나면서 살이 찌기 쉽다.

다이어트는 장기전이다

앞 장에서 언급했듯이 나도 중학교 3학년으로 넘어갈 때 체중이 급격히 불었다. 사춘기 시절에 뚱뚱했던 사람은 외모에 대한 열등감이 훨씬 심할 수 있다. 내가 바로 그런 경우였다. 사춘기였기에 몸무게를 더 민감하게 받아들였는지도 모른다. 몸무게가 가장 많이 나갔던 고등학교 3학년과 대학교 1학년 때의 열등감 때문에 다른 사람들보다 더 예민하게 몸 관리를 했다.

현대를 살아가는 여성들은 늘 다이어트와 씨름하고 있다. 다이어트는 상업적으로도 젖과 꿀이 흐르는 아이템이 틀림없다. 하지만 온갖 매체에서 맛집과 먹방이 나오고, 시도 때도 없이 먹거리가 우리를 유혹한다. 먹방이 비만을 부른다며 규제해야 한다는 후진국적인 발상이 나오기도 한다. 오늘부터 다이어트를 하기로 결심하지만 유혹을 뿌리치지 못하고 내일로 미룬다.

텔레비전에는 요리를 하고 맛집을 찾아다니는 프로그램들이 넘쳐난다. 한동안 여행이 대세이더니 지금은 먹방이 자리를 대신하고 있다. 이제는 멀리 여행을 떠나서 맛있는 음식을 찾아다닌다.

새벽에 운동하고 샤워 후에 체중계에 올라간다. 매일 몸무게를 재는 것이 좋은지, 일주일 또는 한 달에 한 번 정도 재는 것이 좋은지는 논란의 여지가 있다. 건강 프로그램을 하면서 트레이너나 다이어트 전문의와 상담할 때도 두 가지 의견이 팽팽하게 대립했지만 몸무게를 재는 횟수와 시기는 크게 중요하지 않다. 어제저녁에 외식을 했거나 조금 많이 먹었다면 다음 날 아침에 1킬로그램 이상 늘어난다.

그러나 그만큼 감량하는 데는 적어도 이틀 이상 걸린다.

몸은 정직하다

임신과 출산을 거치면서 몸무게도 늘고 마음 자세도 달라진다. 나는 쉰 살이 넘어서 운동을 시작했다. 매일 새벽에 하는 수영도 예순이 다 되어서 시작했다. 늦은 나이에 굳이 해야 하나 싶지만 벌써 10년 가까이 하고 있다.

첫째를 출산하고 100일 정도 되었을 때 원래의 몸무게로 돌아왔다. 그런데 둘째를 낳은 후에는 쉽지 않았다. 통통하던 시절에도 배가 나오지는 않았는데, 지금은 나잇살이 붙어 예전 같지 않다.

다이어트를 하기 위해 병원 처방도 받아봤다. 약을 먹고 배나 옆구리살 직접 주사를 맞아보기도 했다. 상당히 효과가 있어서 배불뚝이 남편도 했지만 효과는 오래가지 않았다. 한 달 가까이 지나자 다시 원래대로 돌아왔다. 음식과 운동을 적절하게 조절하지 않으면 아무 소용 없다.

다이어트 약에도 향정신성 의약품이 들어간다. 간질병 치료를 받는 환자들이 살이 찌지 않는 것을 발견하고 다이어트 약으로 개발된 것이다. 향정신성 제제인 암페타민 성분이 함유된 다이어트 약은 부작용에서 개발되었다.

40~50대 때는 다이어트 약도 어느 정도 효과를 보였다. 하지만 다시 한 번 복용했을 때는 갑자기 심장이 떨리는 증상이 나타나 중단

했다. 볼빅이라는 다이어트 약은 두통이 심해서 실패했다. 결국 다이어트 약을 완전히 끊어버렸다.

미국에 사는 아들이 먼저 시도했던 칼로리 다이어트도 한국에서는 계산하기 쉽지 않았다. 단기간에 효과는 있었지만 지속적이지는 않았다. 인풋(input)과 아웃풋(output)의 균형을 맞추는 것이 만고의 진리라는 생각이 들었다. 매일 몸무게를 재면서 조금 늘었다 싶으면 먹는 양을 조금 줄이는 방식으로 다이어트를 하기로 했다.

온갖 시행착오를 거치면서도 나와의 싸움에서 지지 않기 위해 밀어붙였다. 다이어트를 시작해야겠다고 마음먹으면 회식이 생기고, 갑자기 모임이 잡힌다. 그러다 보면 내일로 미루게 되고, 점점 의욕이 떨어지면서 동력을 잃고 만다. 물론 내가 하는 방법이 정답은 아니다. 자신에게 맞는 방법을 찾아서 실천하면 된다. 내 몸은 정직하다. 관리하는 만큼 효과가 나타난다.

나이 들면 운동은 선택이 아닌 필수

나이가 들어도 새로운 것을 시도하는 것이 중요하다.
해보지 않고 죽으면 억울하다.

운동을 하는 이유는 여러 가지다. 건강을 위해, 살을 빼기 위해, 또는 즐기기 위해 운동을 하는 사람들도 있다. 2019년에 100세를 맞은 김형석 교수는 여러 가지 인생 지침 중에 쉰 살이 넘으면 꼭 해야 할 것으로 운동을 꼽는다.

나는 운동을 무척 싫어했다. 사춘기 때 몸매 콤플렉스에 시달린 경험이 트라우마로 남아 있어서 운동을 하지 않아도 적절한 체중을 유지하기 위한 노력은 계속했다. 사람들은 몸매를 유지하기 위해 무슨 운동을 하느냐고 묻는다. 나의 몸매 비결은 운동보다는 노동이라고 할 수 있다. 이제는 어느 정도 나이를 먹다 보니 체력이 떨어져서 어쩔 수 없이 운동을 할 수밖에 없었다. 돌이켜보니 가장 잘한 일이 운동을 시작한 것이다.

내가 중학교 입시를 보던 시절에는 체력 테스트도 점수에 포함되었다. 달리기, 멀리 던지기, 철봉에 매달리기, 팔굽혀펴기 등 네 종목에 1점씩 4점이었던 것으로 기억한다. 다른 것은 모두 만점을 받았는데 달리기만은 만점을 받지 못했다. 나는 열심히 달린다고 하는데, 다른 아이들이 앞서가 버렸다. 운동장에서 달리기를 할 때마다 좌절감을 맛보아야 했다. 해도 안 된다는 생각에 뛰거나 걷는 것을 기피하게 되었고, 다른 신체에 비해 다리도 부실한 편이었다.

왜 걷기를 시작했나?

그러던 내가 50대에 접어들면서 체력의 한계를 넘기 위해 매일 걷기를 시작했다. 아이들을 모두 유학 보내고 육체적으로 정신적으로 힘든 일들이 줄어들었는데도 마치 누군가 밑에서 나를 끌어당기는 것처럼 몸이 무겁게 처졌다. 돌봐줘야 할 아이들이 곁에 없으니 몸도 시간도 훨씬 자유로웠다. 얼굴이 달아오르고 가슴이 뛰는 갱년기 증세도 거의 없었다. 그런데도 기력이 달려 하루하루가 힘들었다.

체력을 회복하기 위해 시작한 것이 집 뒤편 공원을 3킬로미터 정도 걷는 것이었다. 처음에는 그것도 힘들어 중간 지점에서 나는 쉬고, 남편은 가양대교 근처까지 갔다가 돌아오곤 했다. 지금은 그 정도는 가볍게 걷는다.

매일 저녁을 먹고 50분 정도 걷다가 시간을 바꿔서 일찍 회사에 출근해 목동 CBS에서 파리공원을 한 바퀴 돌곤 했다. 걷는 것이 어느 정도 생활화되면서 나락으로 떨어졌던 체력이 조금씩 회복되는 느낌이었다. '삼보 이상 승차'를 외치던 내가 걷기 운동을 시작한 계기였다. 이렇게 걷기 시작한 지도 벌써 15년이 넘었다.

수영에 도전하다

야외에서 하는 걷기는 날씨의 영향을 많이 받는다. 비와 눈이 오거나, 너무 춥거나 더워도 하기 힘들다. 더구나 재미도 없고 지루한데다 운동량도 많지 않다. 체력이 어느 정도 회복되었을 무렵 이왕이면 재미있고 지금까지 해보지 못한 운동을 하고 싶었다. 나이가 있으니 부상 위험이 적은 운동이 좋을 듯해, 출근길에 갈 수 있는 목동청소년수련관의 6시 조기수영반에 등록했다. 물에 대한 거부감은 전혀 없었지만 수영을 제대로 배워본 적이 한 번도 없었다.

당시에는 이 나이에 뭘 하랴 싶었다. 하지만 내가 수영을 시작한 지도 벌써 10년이 되어간다. '예순 나이에 뭘 시작하겠어' 하고 시도하지 않았다면 평생 수영 한 번 해보지 못했을 것이다.

처음에는 수영복을 입을 엄두조차 나지 않았지만, 수영하면 살은 빠지지 않아도 몸매는 매끈해질 것이라는 막연한 믿음을 가지고 등록했다. 하지만 첫날부터 실망에 빠지고 말았다. 수영장을 가득 채운 아주머니들은 기대했던 몸매가 아니었다. 오랫동안 수영을 해왔다는 사람들의 몸매가 매끈하기는커녕 대부분 배가 볼록 나와 있었다. 역시 뭐든 해보지 않고 막연한 기대로 현혹되어서는 안 된다. 그나마 키 크고 멋있는 수영 강사를 보고 위안을 삼았다.

나는 다른 사람들보다 체지방이 많은지, 물에 뜨는 것은 금방 배웠다. 다리 관절이 부실한 나에게 수영이 딱 맞는 운동이라는 생각이 들었다. 일단 부력 때문에 관절에는 무리가 없는 운동이다. 그러나 흐물흐물한 허벅지 살이나 처진 뱃살, 엉덩이 살까지 금방 탄력이 돌아오지 않았다. 그래도 뒤늦게 사랑하는 사람을 만난 듯 매일 수영하는 재미에 푹 빠졌다.

처음에 수영 강사들이 공통적으로 지적하는 것은 근력이 없다는 것이었다. 그러다 보니 속도가 붙지 않고 금방 지쳤다. 평소에도 힘이 없고 느리다는 말을 많이 들었다. 그러나 요즘은 수영 강사에게 힘이 좋다는 이야기를 듣기도 하니 격세지감이다. 심지어 같은 레인에서 수영하는 여자 회원에게 너무 빠르다는 지적을 받기도 했다. 지속적으로 하다 보면 어느 순간 발전하는 단계가 있는 것이다.

나에게 맞는 운동을 찾아라

무엇이든 나이에 맞고 자신에게 적합한 운동을 해야 한다. 자신이 가장 오래 할 수 있고 좋아하는 종목을 정하는 것이 좋다. 그리고 종목을 정하는 것 못지않게 오래 할 수 있는 방법을 찾는 것도 중요하다.

걷기는 지루하기 때문에 오래 지속하기가 쉽지 않다. 건강을 위해서 하루에 만 보 이상 걸으라고 한다. 바쁜 현대인들이 운동복을 차려입고 일부러 시간을 내서 걷기는 어렵다. 그래서 나는 일상생활에서 걷기를 실천했다. 직장에서 구두를 신어야 한다면 책상 밑에 운동화를 놔두고 필요할 때마다 갈아 신으면 된다.

《백년을 살아보니》를 쓴 철학자 김형석 교수는 쉰 살이 넘었을 때 주 3회 수영을 했고, 하루에 50분씩 걷기를 지금까지 계속하고 있다. 일본의 소설가 무라카미 하루키는 매일 10킬로미터 달리기를 하고 소설을 썼다고 한다.

운동치료사의 말에 따르면 유행에 민감한 우리나라 사람들은 운동하는 데도 유행을 많이 탄다고 한다. 최근 유행하는 운동을 하는 것도 좋다. 유명 연예인이 즐겨 하는 운동을 따라 하거나 주위 사람들이 권하는 운동을 시작할 수도 있다. 쉰 살이 넘으면 운동은 선택이 아닌 필수다. 필수 과목을 잘하기 위해서는 자신이 잘할 수 있고 지속 가능한 것들을 찾아야 한다.

나도 이것저것 시도해봤지만 지속하기가 쉽지 않았다. 운동도 다이어트와 마찬가지로 평생 해야 한다. 너무 부담스러운 운동은 중도에 포기하기 쉽고 너무 지루해도 오래가지 못한다.

아무 생각 없이 새벽에 일어나 체육관으로 간다. 일어나기 싫거나 힘들 때도 있지만 운동을 마치고 샤워했을 때 밀려드는 희열을 즐긴다. 10년 가까이 지속하는 동안 사고로 허리와 다리를 다치거나 여행을 떠날 때를 빼고는 밥을 먹듯이 매일 빠짐없이 운동을 했다.

사람마다 자신의 스타일과 기호가 있다. 내 것을 찾으면 된다. 적어도 100일은 해야 몸에 배어서 안 하면 뭔가 허전하다. 그러려면 부담스럽지 않아야 하고, 무엇보다 나에게 잘 맞는 운동이어야 한다.

운동은 하되
운동 중독은 위험하다

유행을 좇거나 주위의 권유를 무조건 따르기보다
나에게 맞고 지속적으로 할 수 있는 운동을 찾아라.

건강 프로그램 〈웰빙 다이어리〉를 하면서 특별한 건강 비법을 찾아서 이모저모로 찾아보고 다양한 전문가들을 인터뷰했지만 사실 왕도와 비법은 없다고 봐야 한다. 그래도 전문가들의 의견 중 건강을 위해서 꼭 해야 할 것들 가운데 빠지지 않고 나오는 항목이 수면, 식이, 운동이다. 특히 나이가 들수록 세 가지의 균형을 맞추는 것이 중요한데 이 가운데 운동은 필수다. 나도 쉰이 넘어서 어쩔 수 없이 시작한 것이 운동이다.

운동이 노동이 되지 않으려면

후배 아나운서 P는 면역력이 약해서 생기는 베체트병에 걸렸다. 의사는 면역력을 높이기 위해 운동을 해야 한다고 했다. 그는 일단 헬스클럽에서 걷기 운동부터 시작했다.

실내에서 걷기가 지루해지자 야외에 나가서 걸었다. 거기서 더 발전해 달리기를 시작했다. 뭔가 목적의식 없이 달리는 것보다 마라톤이 재미있을 것 같아서 마라톤에 도전하기로 마음먹었다. 학구적인 그는 공부를 해가면서 마라톤의 세계에 빠졌고 아내까지도 같이 달리기 시작했다.

마라톤 대회에 참여해서 좋은 성적을 거둘 정도로 열심히 달렸다. 몸에도 좋고 좋은 취미도 생긴 느낌이었을 것이다. 그런데 마라톤에 탐닉하다 보니 오히려 몸에 무리가 왔다고 한다. 무엇이든 지나치면 문제가 생긴다.

달리기를 하면 아무 생각이 나지 않는 무아지경의 순간에 빠진다. 처음에는 다리의 근육들이 바짝 긴장하지만 어느 순간 더 달리라고 아우성을 치는 듯 몸이 가볍고 머릿속도 맑아진다. 고통을 잊기 위한 인체의 자가작용으로 아드레날린이 분비되기 때문이다.

아드레날린은 통증을 느끼지 못하는 일종의 마약 성분이나 마찬가지다. 이런 경험을 하면 계속 달리게 된다. 마라톤 중독에 걸린 사람들은 죽 이어진 길만 봐도 달리고 싶다고 한다. 운동 중독이 되는 것이다.

근력 운동이 필요한 이유

연골은 한번 망가지면 재생되지 않기 때문에 근력 운동이 중요하다. 연골에 문제가 있더라도 근육이 무릎을 감싸고 있으면 증상을 늦출 수 있다.

요즘 근력 운동의 필요성을 절감하는 사람들이 많다. 나이가 들수록 근육의 중요성을 몸소 경험하게 된다. 근력 운동은 특히 여성들에게 더욱 필요하다. 여성의 경우 폐경 이후 5년 동안 골밀도가 급속도로 약해진다. 근력 운동을 하면 뼈세포가 빠르게 감소하는 것을 막을 수 있다. 뼈세포는 1년마다 10퍼센트 정도 교체되고 10년이 지나면 모두 새롭게 바뀐다. 뼈는 일생 동안 지속적으로 생성과 성장, 흡수의 과정을 반복한다.

사실 나는 40대부터 근력 운동을 시작했어야 했다. 적어도 50대부터 해도 늦지 않았을 것이다. 그러나 50대에 폐경이 찾아왔고, 그후로부터 급속도로 골밀도가 떨어졌다. 골다공증 증세가 급격히 와서 60대에 이미 70대의 골밀도라는 충격적인 진단을 받았다. 약을 먹고 주사 치료를 병행하지만 수치가 올라가기보다는 떨어지는 것을 방지하는 정도다.

근력 운동은 최대한 빨리 시작하는 것이 좋다. 현재 이 책을 보고 있다면 잠시 책을 덮고 간단한 근력 운동을 시작해보라. 그래야 튼튼한 뼈로 오랫동안 건강히 살 수 있다.

운동 중독을 막아라

운동을 하더라도 중독되지 않도록 주의해야 한다. 무엇이든 지나치면 안 하느니만 못하다. 몸짱 의사로 이름을 알린 운동치료 전문가 박상준 원장은 식스팩을 경계하라고 조언한다. 빨래판 같은 복근이 이상적인 것처럼 보이지만, 실제로 식스팩은 우리 몸이 너무 힘들어서 죽기 직전에 마지막으로 보여주는 것이라고 한다.

다이어트와 운동을 미루는 사람들은 제발 운동에 중독됐으면 좋겠다고 생각할 수 있다. 그러나 어떤 것이든 중독은 위험하다. 본인이 감당할 수 있는 수준을 넘어서면 여러 가지 부작용이 발생한다.

우리 몸은 분당 120회 정도의 심박수로 30분 이상 운동하면 뇌에서 엔도르핀이 분비된다. 이때 방출된 엔도르핀은 진통 효과를 가져오며 기분 좋게 만든다. 운동 중독증은 이때 느끼는 기분 좋은 감정을 유지하기 위해 운동을 계속하는 증상이다. 하지만 운동 중독증에 빠지면 건강보다 운동을 위한 운동을 하게 된다. 고통을 즐기는 것처럼 보이지만 사실은 쾌락에 중독되는 것이다.

오랫동안 함께 방송을 진행한 서울대 의대 이왕재 교수에 따르면 엔도르핀은 중독 증세에서 나타나는 물질이라고 한다. 한번 경험하면 계속 원하기 때문에 부상을 입고 몸에 이상이 생겨도 운동 강도를 높인다는 것이다.

나이가 들수록, 특히 50세가 넘으면 운동은 선택이 아닌 필수다. 지금까지 살아오면서 잘한 것 두 가지가 걷기와 수영을 시작한 것이다. 그러나 중독까지는 아니더라도 무리를 하다가 골절상을 입으면서 오히려 운동을 못 하고 쉬어야 할 때가 있었다.

건강하게 운동하기 위한 수칙

무리하게 운동하면 근골격계의 부상과 심장마비의 위험이 있다. 가장 큰 문제는 스스로의 한계를 느끼지 못하는 것이다. 그러므로 운동 자각 증상과 심장 상태를 항상 체크해야 한다.

다음은 내가 운동을 하면서 터득한 오랜 시간동안 건강하게 운동하기 위한 세 가지 수칙이다.

- '이 정도는 얼마든지 할 수 있는데 왜 안 되지' 하는 생각으로 지나치게 집착하지 말 것.
- 달리기와 마라톤을 할 때는 지나친 승부욕을 앞세워 시간 단축에 매달리지 말 것.
- 탁구나 배드민턴처럼 순발력이 필요한 운동을 할 때는 무리하게 이기려다 부상을 입을 수 있다. 자기 관리를 하면서 운동할 것.

규칙적인 운동이 좋다는 것은 누구나 알고 있지만, 개개인에게 맞는 적절한 강도와 시간, 방법을 고려하지 않으면 오히려 해가 될 수 있다. 심혈관계 질환의 예방과 성인병의 위험을 낮추는 이점보다는 골절과 근골격계 질환, 만성피로, 면역력 저하에 노출될 수 있다는 것을 명심해야 한다. 운동을 할 때도 나무보다 전체적인 숲을 보자. 자신의 몸과 마음을 건강하게 유지한다는 목적을 늘 염두에 두어야 한다.

골다공증이 심한 나는 갈비뼈가 네 번 골절되었고, 세게 부딪치지 않았는데 발가락도 몇 번이나 금이 갔다. 이럴 때 의사들은 무조건 운동을 중단하라고 한다. 물론 심각하면 움직일 수도 없지만, 가만히 있으면 금방 근육이 빠져나간다.

나는 운동을 하지 않으면 조금 불안하다. 이럴 때는 과한 운동을 하기보다 주변 경치를 즐기면서 천천히 걷는다. 그러면 불안감이 조금씩 사라진다. 나이가 들수록 운동에도 중용의 미덕을 지켜야 한다.

건강식품이 내 몸을 건강하게 해주는 건 아니다

만병통치약처럼 선전하는 건강 보조제가
오히려 건강을 해칠 수 있다.

나이가 들수록 챙겨 먹어야 할 약을 비롯해 건강기능식품이나 보조제가 늘어난다. 약만 먹어도 배가 부를 정도다. 생활 습관으로 인한 만성질환 약은 먹기 시작하면 평생 끊기 힘들다. 당뇨나 혈압 약도 마찬가지다.

나는 혈압이나 당뇨는 없지만 고지혈증 약과 골다공증 치료제를 복용한다. 골다공증 치료제는 먹으면 메슥거려서 3개월에 한 번씩 주사를 맞는 것으로 바꿨다.

녹내장도 있어서 안약을 넣고 안구건조증을 방지하기 위해 인공눈물도 수시로 넣는다. 젊을 때는 몇 시간씩 컴퓨터 작업을 해도 아무렇지 않았는데 지금은 눈이 어른거리고 잘 보이지도 않아서 컴퓨터 작업은커녕 책을 오래 읽기도 힘들다.

건강보조제로 비타민C, 칼슘, 비타민D, 프로바이오틱스, 오메가3도 챙겨 먹는다. 딱히 치료할 질병이 있는 것도 아닌데 하루에 적잖은 약을 먹고 있다. 남편은 당뇨, 고혈압, 폐질환 약을 하루에 세 번 먹고, 오메가3와 비타민까지 먹는다. 어느 때는 약을 너무 많이 먹어서 소화가 안 될 것 같은 생각이 들 정도다.

나이가 들수록 점점 늘어나는 것이 약의 가짓수다. 약을 한 가지라도 먹지 않는 사람은 없을 것이다. 특히 트렌드에 민감한 우리나라 사람들은 방송이나 인터넷 매체에서 소개하는 건강보조제에 쉽게 현혹된다.

지나치면 독이 된다

인터넷 포털사이트 검색어 순위에 프로바이오틱스가 올랐다면 어느 프로그램에서 장 유산균에 대해 소개했을 것이다. 프로바이오틱스와 프리바이오틱스가 구체적으로 어떤 것인지는 몰라도 면역력을 높이고 건강에도 좋다고 하니 무조건 먹고 보는 것이다. 하지만 우리나라는 쉽게 유행하는 만큼 열풍이 금세 사그라든다.

한동안 하수오가 불티나게 팔렸다. 레시틴 성분이 콜레스테롤 수치를 낮춰주고 혈관 기능 개선에 도움을 주기 때문에 고혈압이나 동맥경화 등의 혈관 질환을 예방할 뿐 아니라 갱년기 질환에도 좋다고 알려졌다. 이 밖에도 뇌 건강 및 면역력 증대, 항염 효과까지 있어 관절염과 같은 염증 질환에도 효과가 있다고 한다. 이쯤 되면 나이 든 사람들이 끌릴 수밖에 없다. 그러다 하수오 제품에서 농약이 검출되었다는 뉴스가 나온 이후로 찬반양론이 오가더니 요즘은 매체에서 아예 사라졌다. 이렇게 갑자기 떠올랐다가 어느 순간 흔적도 없이 사라지는 건강기능식품들이 많다.

나이 든 사람들을 대상으로 했던 이너뷰티(Inner Beauty)가 10~20대 사이에서도 유행이다. 건강기능식품이 뷰티 제품으로 자리 잡은 것이다. 헬스&뷰티(H&B) 스토어 랄라블라에 따르면 2019년 8월 23일까지 10~20대의 건강기능식품 구입은 작년 같은 기간에 비해 73.9퍼센트 늘었다고 한다. 먹는 것으로 피부와 몸매 관리를 하는 이너뷰티 제품의 비중이 큰 부분을 차지한다. 미스트롯으로 유명해진 송가인이 몰래 먹다가 들킨 다이어트 보조제는 방송에 나간 직후 100억 원어치 이상 팔렸다고 한다.

허술한 건강기능식품 관리

건강기능식품 관련 제도가 도입된 것은 2004년인데, 식약처에서 제시하는 건강기능식품의 등급 기준은 비과학적이고 허술하다.

건강기능식품은 크게 구분 고시형(기준 규격형)과 개별 인정형(허가형) 두 가지로 분류된다. 고시형은 건강에 도움이 되는 원료로 등재되어 있는 것으로 신고만 하면 된다. 여기에 포함되는 비타민이나 각종 미네랄이 87종 정도 된다. 개별 인정형은 기존에 등재되지 않은 원료를 별도로 허가한 것으로 140종이다. 두 가지를 합쳐서 230종 정도인데 실제로 인증한 종류는 500여 종이다.

건강기능식품 중에 부동의 1위를 차지하고 있는 홍삼은 체질에 따라 적정량을 섭취하지 않으면 부작용이 생길 수 있다. 과거에는 클로렐라, 녹차 등이 유행하여 클로렐라 라면, 클로렐라 밥, 녹차 국수 등이 반짝 떠오른 적이 있다. 명절만 되면 인삼이나 DHA처럼 혈액순환에 좋다는 제품들이 선물 세트로 등장한다. 가끔은 아티초크나 모링가처럼 들어본 적도 없는 식물이 건강에 좋다고 나온다. 이런 제품은 비싼 데다 맛이 없어서 금방 잊혀지기 마련이다. 새로운 원료들이 언론을 타고 유행을 휩쓰는 것은 대부분 광고 때문이다.

건강기능식품은 특정 성분을 섭취하기 편하도록 액이나 알약 형태로 만든 것이다. 건강기능식품으로 치료나 예방 효과를 기대하는 것은 잘못이다. 의약품처럼 확실한 효과를 기대하고 복용하면 안 된다.

의약품은 특정 질병의 치유와 예방 효과가 검증되어야 판매할 수 있다. 반면 건강기능식품은 상대적으로 시판 허가를 받기 매우 쉽고 가격도 저렴한 편이지만 그만큼 효과가 적거나 아예 없다.

정말 자신의 체질에 맞다면 효과를 볼 수도 있다. 하지만 의약품이나 건강보조식품을 맹신해서는 안 된다. 자칫 돈만 쓰고 오히려 건강에 해로울 수 있다.

장수시대에는 의약품과 건강기능식품의 소비가 더욱 늘어날 것이다. 과거에는 60세에 은퇴해서 아픈 몸으로 10여 년 정도 버티다 70대에 사망했다. 하지만 100세 시대에 60세는 거의 장년이다. 건강기능식품을 먹는 것만으로는 30년 이상 건강하게 살 수 없다.

〈웰빙 다이어리〉와 〈건강 솔까말〉 등 건강 프로그램을 10년 가까이 하면서 터득한 진리는 생활 습관을 바꾸지 않고 건강보조제만으로는 절대 건강할 수 없다는 것이다.

의사들이 한결같이 추천하는 네 가지를 기억하자. 균형 잡힌 식사(충분한 영양 섭취), 충분한 휴식(수면), 규칙적인 생활, 적당한 운동. 이것은 과학적으로도 밝혀진 사실이다. 특정 성분을 추가적으로 더 섭취하는 것은 큰 의미가 없다는 것이 학계의 일반적인 견해이다.

네 가지 방법을 모두 생활에서 실천하기가 쉽지 않다. 하지만 매일 실천하지 못하더라도 조금씩이나마 노력해야 한다.

내 몸이 보내는 통증 신호를 읽어라

통증이 오면 나의 생활 습관과
행동을 다시 점검하라.

지난여름 아파트 지하 주차장을 내려가다 마지막 계단을 미처 밟지 못하고 앞으로 굴렀다. 통증이 심해서 동네 병원 응급실을 찾으니 다행히 뼈는 문제가 없는데 인대에 무리가 간 것 같다고 했다. 일주일은 기브스를 하고 그다음부터는 발목보호대를 몇 달 동안 차고 다녔는데도 낫지 않았다. 많이 걷거나 힘을 주거나 조금이라도 무리하면 통증이 온다.

인대는 재생되지 않는 조직이어서 한번 잘못되면 쉽게 회복되지 않는다. 10여 년 전 지하철에서 굽 높은 신을 신고 뛰가 삐끗한 적이 있다. 바쁘다는 핑계로 병원에도 가지 않고 방치했는데, 그쪽 발목에 항상 문제가 생긴다. 그쪽 발에 힘을 주지 않으려고 하다 보니 반대쪽도 무리하게 된다. 한쪽 발은 26개의 뼈로 구성되어 있으며 세 부분으로 칸칸이 쌓여 있어 엑스레이만으로는 진단하기 어렵다고 한다.

전날 저녁에 휴대폰으로 조금 오래 게임을 하고 나면 아침에 어깨가 뻐근하다. 나이가 드니 조금만 무리해도 통증이 온다. 장수시대에 돌입하면서 통증의학과가 급격하게 늘어나고 있다. 그만큼 환자도 늘어났다는 뜻인데, 통증 자체를 조절하는 것이 중요하다는 인식이 보편화되었기 때문이다.

내 몸이 보내는 신호

바둑 시합에서 인공지능이 인간을 이기고, 무인자동차 시대도 어느새 코앞으로 다가왔다. 하지만 인공지능이 할 수 없는 부분이 있다. 사람의 미세한 움직임은 결코 따라 할 수 없다. 자리에서 일어나 걸음을 옮기고, 누가 부르면 뒤돌아보고, 손을 뻗어서 물건을 잡는 간단한 동작들은 인공지능이 흉내 낼 수 없다고 한다.

방바닥에 앉았다 일어나려면 '에구구' 소리가 저절로 나온다. 내 또래 사람들과 음식점에 가면 좌식 테이블에 앉지 않으려고 한다. 앉았다 일어나기가 너무 힘들기 때문이다. 지금은 의자가 보편화되면서 좌식 문화가 점점 사라지고 있다. 음식점도 대부분 좌식 테이블을 없애는 추세이다. 온돌방에 눕기는 하지만 앉아 있기는 힘들다.

나이가 들면 좌골 신경통과 무릎 관절염 때문에 쪼그리고 앉는 것은 물론 바닥에 방석을 깔고 앉기도 힘들다. 등을 기댈 수 있는 방석인 안석도 불편하기는 마찬가지다.

나쁜 통증, 좋은 통증

1990년대 이전까지 통증은 증상일 뿐 하나의 질병이라고 생각하지 않았다. 통증을 일으키는 원인을 치료하면 저절로 없어진다고 생각했다. 그러나 지금은 대상포진이나 삼차 신경통, 척추 질환으로 생기는 통증을 별도의 질병으로 치료한다.

통증에 대해서 거의 국내 최초로 알리기 시작한 김찬 원장을 비롯한 통증 전문의에 따르면 좋은 통증과 나쁜 통증이 있다고 한다. 넘어져서 무릎이 깨지거나 다리가 부러지면 당연히 아프다. 하지만 통증이 없다면 다친 줄도 모르고 지내다 치료 시기를 놓친다. 깨진 무릎의 상처는 아물지 않고 염증이 더 심해지거나 출혈이 계속되어 생명이 위태로울 수 있다. 이처럼 분명한 조직 손상 이후에 오는 통증은 좋은 통증이다.

뜨거운 난로에 손을 가까이 댄 아이는 본능적으로 깜짝 놀라 뒤로 물러난다. 이후 아이는 난로에 손을 대면 뜨겁다는 것을 알고 함부로 손을 대지 않는다.

이처럼 통증은 우리 몸의 알람 장치와 같다. 반면 통증을 일으킬 만한 명확한 원인이 없는 것은 나쁜 통증이다. 눈에 보이지 않는 신경 이상에서 비롯되는 통증이다. 신경이 변성된 상태로 굳어지기 전에 손상된 신경을 치료해야 만성통증을 예방할 수 있다.

내 몸은 어떻게 관리하느냐에 따라 오래 사용할 수도 있고 그렇지 못할 수도 있다. 젊을 때는 발목이 삐거나 넘어져서 무릎이 다쳐도 금방 회복된다. 몸의 내부기관도 비슷하다. 맵고 짜고 소화하기 힘든 음식을 먹어도 크게 문제없다. 그러나 나이가 들면 위나 장에서 통증을 일으켜 나쁜 음식은 그만 먹으라는 신호를 보낸다.

건강 프로그램을 하면서 터득한 진리는 내 몸이 나에게 보내는 신호에 귀를 기울이라는 것이다. 하지만 바쁘게 살다 보면 놓치기 쉽다. 행복이라는 파랑새를 찾아 헤매다 집으로 돌아와서 겨우 발견하게 되는 것과 비슷하다.

통증아, 고마워

나는 뼈가 약한 편이다. 유전적인 요인도 있겠지만 50대 폐경 이후로 근력 운동을 해야 할 시기를 놓쳤기 때문이다. 무릎 관절에도 문제가 있다. 손가락 관절도 무리하면 통증이 생긴다. 통증이 올 때마다 무엇에 신경을 쓰면서 무리를 했는지 되짚어본다.

10년쯤 전의 일이다. 새벽에 운동하러 가다가 초록 신호등에서 차를 출발했는데 횡단보도에서 자전거를 타고 무리하게 건너려던 할아버지와 살짝 부딪치는 사고가 났다. 내 생애 가장 큰 사고였다. 그분을 차에 태우고 병원으로 달려가서 사후 처리는 무사히 마쳤다.

그런데 도대체 무리를 한 것도 아니고 어디에 부딪친 것도 아닌데 무릎이 엄청 아파왔다. 병원에서 엑스레이를 찍어봐도 별다른 이상이 발견되지 않았다. 이때 내 몸은 힘든 일을 당하면 무릎 통증이나 이석증으로 신호를 보낸다는 것을 알았다. 그래서 통증이 오면 뭔가 스트레스를 많이 받았다는 뜻이다. 통증이 "스트레스 많이 받은 거 아니니? 네 몸에 신경 좀 써"라고 말해주는 듯하다.

핸드폰으로 게임을 너무 오래 했거나 안 좋은 자세로 키보드를 치면 손목에 통증이 온다. 이럴 때는 손가락에 수지 반지를 끼거나 손목 보호대를 착용하고 통증이 완화되기를 기다린다. 딸과 함께 크로아티아를 여행할 때는 왼쪽 가운뎃손가락 아랫부분이 너무 아파서 무거운 짐을 끌기가 어려울 정도였다. 해당 손가락에 은반지를 끼고 손가락으로 딱밤 주는 자세를 반복하면서 손가락 스트레칭을 하니 증세가 어느새 사라졌다.

발은 제2의 심장으로 불린다. 심장에서 가장 멀리 떨어진 발에서 혈액순환이 이루어지지 않으면 여러 가지 문제가 발생한다. 발이나 다리, 무릎, 고관절에 문제가 생기면 통증이 심해서 걷기가 힘들다. 그러면 자연스럽게 인체의 모든 기능이 떨어진다.

나는 매일 새벽 운동을 하고 웬만하면 대중교통을 이용한다. 그래도 세월의 흐름은 어쩔 수 없다. 몸의 기관이 조금씩 낡아지면서 문제가 생기기 시작한다. 나이가 들면 운동을 하더라도 부상을 최소화하는 데 중점을 둬야 한다. 약한 몸에 부상까지 입으면 치명적일 수 있다.

통증도 비슷하다. 머리가 아프다고 무조건 진통제를 먹는 것은 위험하다. 통증의 원인을 찾아내서 치료하는 것이 중요하다. 신경조직에 영향을 주어 좋은 통증이 나쁜 통증으로 변화하는 것을 최대한 막아야 한다.

목이나 어깨가 아프면 잘못된 자세로 생활하고 있는 것은 아닌지 찬찬히 점검해본다. 구부정하게 앉아서 휴대폰을 들여다보면 어김없이 통증이 온다. 그러면 어깨 마사지를 하고 스트레칭을 해서 관절이 변형되지 않도록 주의를 기울인다.

나는 무릎 관절이 좋지 않아 의사들이 인공관절을 권하는 단계에 이르렀다. 병원을 찾으면 무릎이 많이 아플 텐데 괜찮냐고 묻는다. 크게 아프지 않다고 하면 수영 같은 운동을 해서 근육이 생긴 것 같다고 한다. 눈이 뻑뻑하고 앞이 잘 안 보이면 눈을 감고 전자기기를 멀리하다가 눈알을 굴리는 운동을 하면서 눈 주위를 마사지한다.

100세 시대라고 하지만 아프면서 아무것도 하지 못하고 병상에서 목숨만 부지한다면 살아 있는 것이라고 할 수 없다. 조금 더 악화되기 전에 내 몸이 보내는 통증 신호를 잘 읽어야 한다. 가만히 내 몸의 소리에 귀를 기울이자.

건강 프로그램을 진행하면서 터득한 진리

시시때때로 미소 짓는 연습을 하면
행복하고 건강해진다.

나는 이런 저런 잡다한 것에 대한 호기심이 매우 강한 편이다. 특히 건강에 관한 문제에 대해서 더욱 관심이 많았던 것 같다. 일찍이 수지침을 배웠고 마음과 정신의 건강에 대해서도 여러 가지 학설에 대해서 궁금증이 많아 혼자 공부도 하면서 심리상담 1급 자격증 까지 땄다. 의사 수준은 아니지만 여러 각도의 책들을 많이 접하기도 했다. 그래서 방송 개편 때 나에게 건강 프로그램을 맡긴 것이 아닐까 싶다.

장수의 비밀

오래도록 젊음을 유지하면서 건강하게 살다가 죽는 것이 모든 사람들의 바람일 것이다. 오래 살아 있다고 해도 움직이기 힘들다면 삶의 의욕이 사라진다.

장수의 비결은 여러 가지 있겠지만 우선 장수 유전자를 타고나야 한다. 생활 습관으로는 적절한 식사와 운동, 질 좋은 수면이 장수의 3대 요소이다. 그 외에도 다양한 방법들이 있을 것이다.

이 중에서도 삶에 대한 낙천적인 태도가 매우 중요하다. 나이가 들어갈수록 얼굴에도 중력의 법칙이 작용하는지 자꾸 얼굴이 처진다. 주름살이 잡히니 평소 표정이 심술궂은 느낌이 든다. 입꼬리가 처지니 삐죽거리는 듯 보이는 것이다. 나이 들수록 괜한 오해를 사지 않으려면 무엇보다 얼굴 표정에 신경을 쓰고, 미소를 지으려고 노력해야 한다.

나는 가만히 있으면 쌀쌀하고 거만해 보인다는 이야기를 많이 들었다. 그래서 거울을 보며 웃는 표정을 연습하기도 했다. 그나마 눈꼬리가 좀 처져서 순해 보이기도 하지만, 입꼬리가 내려가서 냉정해 보인다.

웃을 때 항스트레스 물질이 나온다

웃을 때 몸에서 분비되는 엔도르핀은 강력한 항스트레스 물질이다. 웃음은 심장박동 수를 높여서 혈액순환뿐 아니라 근육의 긴장과 이완을 돕는다. 연구 결과에 따르면 15초 동안 크게 웃으면 100미터 달리기를 한 것만큼 운동 효과를 볼 수 있다고 한다.

그 외에도 웃음은 폐 기능을 좋게 하고, 면역력을 키워주는 긍정적인 효과를 가지고 있다. 결과적으로 많이 웃을수록 몸이 더 건강해지는 것이다.

웃음치료를 연구하는 사람들의 말에 따르면 억지로 웃어도 어느 정도 효과를 본다고 한다. 사람의 뇌가 억지웃음과 진짜 웃음을 구분하지 못하기 때문이다. 웃을 일이 없다 하더라도 시간을 정해서 하루 5분씩 큰소리로 웃어보자. 억지로 웃어도 몸에서 엔도르핀이 분비된다. 피로와 스트레스를 완화하는 엔도르핀의 분비로 한층 기분이 좋아지고 긍정적으로 바뀔 것이다.

나이 들수록 온화한 미소를 연습하자

40세가 넘으면 자신의 얼굴에 책임을 져야 한다고 말한다. 노령인구가 늘어나면서 특히 지하철과 같은 대중교통을 타면 젊은이들보다 노인이 더 많을 때도 있다. 우리나라 노인들은 왜 한결같이 불만 가득한 표정일까? 해외에 나가면 비교적 온화한 표정으로 미소를 짓고 있는 노인들을 많이 볼 수 있는데 말이다.

엄격한 유교 문화에서 어린 시절을 보내고 우리나라 경제 발전을 위해 열심히 노력했지만 아무런 혜택을 받지 못한 것에 대한 불만일까? 아니면 지나친 권위주의의 굴레를 벗어나지 못한 것일까?

건강 정보 프로그램을 하면서 절절히 느낀 것은 건강하게 장수하려면 무엇보다 일상을 즐겁게 살려는 노력이 필요하다는 점이다. 다른 사람과 비교하지 말고 자신의 삶을 즐기는 것이 행복하게 장수할 수 있는 비결이다.

4장

★

새로운 관계 맺기를 두려워하지 마라

★

관계 맺기에 서툴렀던 어린 시절

다른 사람의 무궁무진한 경험을 공유하려면 그들의 말을 잘 들어주자!
입은 하나인데 귀는 둘인 이유는 듣는 것에 더 신경 쓰라는 조물주의 섭리다.

중학교 2학년 사춘기 시절, 두루두루 어울리지 못하고 느끼던 약간의 소외감을 단짝 친구와 수다를 떨거나 교회 활동을 하면서 풀었다. 그때 나는 자주 어지럼증을 느꼈다. 가만히 앉아 있다가도 세상이 휙 꺾이듯이 어지럼증이 몰려왔다가 한동안 가만히 앉아 안정을 취하면 괜찮아지곤 했다.

그러던 어느 날 운동장에서 친구들과 오재미(콩이나 모래를 헝겊에 집어넣어 만든 주머니를 가리키는 일본말로 뛰어다니며 상대편을 맞추는 놀이)를 신나게 하는데 갑자기 어지럼증이 밀려왔다. 나는 놀이를 중단하고 운동장 한쪽에 가만히 앉아 있었다. 그런데 세상이 엄청난 속도로 돌아가는 듯하더니 그만 의식을 잃고 말았다. 깨어나 보니 교문 옆 경비실에 딸린 방이었다.

그 일이 있고 나서 친구들이 조금씩 나에게서 멀어지는 것을 느꼈다. 처음에는 아무것도 느끼지 못하고 평소처럼 단짝이랑 어울리고 교회를 열심히 다녔다. 학기 말쯤에는 친구들의 태도를 조금씩 느꼈지만 크게 신경 쓰지 않았다.

몇 년이 지나 고등학교 2학년 때 짝꿍이었던 친구가 조심스럽게 털어놓았다. 그 당시 내가 간질병이라고 소문이 났다는 것이었다. 나는 뒤통수를 망치로 얻어맞은 듯 멍했다.

쓰러지고 나서 담임선생님이 가정방문을 오겠다고 했다. 아버지의 사업 실패로 홍릉에 있던 집을 떠나 전세를 살고 있었다. 청량리 시장 뒷골목에 있는 집으로 선생님이 찾아오는 것이 싫었다.

시장 안으로 드나들 때는 항상 머리를 숙이고 걸어 다녔다. 그래서 몇 년이 지나도록 동네 사람들 얼굴조차 몰랐다. 담임선생님이 다녀가고 난 뒤 어머니 손에 이끌려 서울대학교병원에 가서 종합검진을 받았다. 진단 결과 별 이상은 발견되지 않았다. 그래서 나도 신경 쓰지 않고 학교에 다녔다.

지금 생각해보면 아마도 이석증인 것 같다. 50년 전이었던 당시에는 이석증에 대한 개념은 물론 진단 기술도 없었다. 시간이 흘러 30년 전에 어머니와 나는 똑같이 이석증 진단을 받았다.

갑자기 뒤로 넘어가듯이 기절하고 구토까지 했으니, 의료 정보가 전혀 없었던 시절에는 단순히 간질병으로 오해한 것이다. 어머니는 담임선생님에게 전해 듣고 뇌에 이상이 있는지 검사했을 것이다. 모르는 게 약이라고, 알았다면 오히려 더 큰 상처를 받았을지 모른다.

'그랬구나'라고 공감하기

2013년 서울 시민 힐링 프로젝트로 만들어진 〈누구에게나 엄마가 필요하다〉는 프로그램을 만나면서 관계 맺기에 대해 많은 생각을 했다. 이 프로그램을 통해서 나를 마주하는 시간을 가졌다. 그동안 자신을 포장하느라 실제의 나를 찾지 못하고 다른 사람들을 원망하는 경우가 많았다.

이전까지는 주로 말하는 쪽이었다면 그때는 다른 사람들의 이야기를 들어주는 시간을 더 많이 가졌다. 다만 규칙이 있었다. 비판이나 판단, 조언, 충고는 피해야 한다. 처음에는 경청을 하기가 무척 힘들었다. 특히 방송 생활을 하면서 뭔가 비판이나 판단 또는 조언이나 충고를 해야 한다는 강박에 시달렸다.

이런 것들을 배제하고 네 명씩 한 조가 되어 어릴 때부터 지금까지 인생 곡선을 그려보았다. 가장 추웠던 날을 떠올려보기도 하면서 자연스럽게 자기 이야기를 털어놓았다. 모르는 사람들 앞에서 나를 드러내니 오히려 묵은 상처가 치유되는 듯했다.

이후에는 다른 사람들과 이야기할 때도 항상 그 사람의 입장에서 어떤 느낌과 생각으로 이런 말을 하는지를 곱씹어보았다. 제 버릇 개 못 준다고 시시때때로 조언이 튀어나오려 할 때면 얼른 입을 다

물었다.

정신과 의사들의 조언도 비슷하다. 본인이 충분히 이야기하고 나면 의사는 아무런 말도 하지 않았는데도 "선생님과 상담을 하고 나니 후련해요. 고맙습니다"라고 진료실을 나간다는 것이다. 관계 맺기의 기본은 그 사람의 말을 잘 들어주는 것이다.

새로운 사람들을 두려움 없이 만나기

나이가 들수록 계속 알고 지내던 사람들하고만 어울리려고 한다. 새로운 사람을 만나기가 두렵기 때문이다. 하지만 나는 오히려 반대로 생각한다. 인생 2막에 새로운 사람을 만나는 것도 두렵지 않다. 나를 전혀 모르는 사람과도 새로운 관계를 맺으면 또 다른 세계에 발을 들여놓는 것과 같다.

특히 남성들은 체면에 얽매여 오랜 친구에게서 벗어나지 못한다. 그러나 여성들은 남자들과는 다른 방식으로 관계를 맺는다. 모르는 사람과도 터놓고 이야기하다 금방 친구가 된다. 헬스클럽에서 이웃을 만나기도 하고, 또래 자녀를 둔 엄마들과 어울린다. 여자들은 언니 동생 하며 금세 마음을 터놓는다. 그들이 살아온 이야기를 들어주는 것만으로도 행복을 전파할 수 있다.

나이가 든다는 것은?

오늘을 열심히 만끽하며 살다 보면
문득 나이 들어 숙성한 나 자신과 조우한다.

우리는 나이를 먹는다는 표현을 쓴다. 단순히 늙어간다는 뜻이 아니라 밥 먹고 소화를 시켜서 에너지를 만들어내듯이 나이를 먹음으로써 자신만의 세계를 만들어가는 과정이라는 의미로 해석할 수 있다. 실제로 나이를 먹으면 자아가 조금 더 성숙해지지 않는가.

나이가 들면 인생의 고민이 사라지고 모든 물음표가 느낌표로 바뀔 거라고 생각했다. 하지만 예순이 넘은 지금까지도 인생의 고민은 사라지지 않는다. 그 모든 질문에 어느 하나도 답을 얻지 못했다. 그 이유가 뭘까. 아마도 인생은 항상 현재진행형이기 때문인지도 모른다.

어느 누구도 피할 수 없는 것이 바로 나이 드는 것이다. 죽지 않는 사람은 없고, 미리 나이를 먹어볼 수도 없다. 그래서 인생은 늘 현재 진행형이다.

당돌하던 새내기 시절

처음 CBS에 입사하고 내가 말단 사원이었을 때 선배에게 " 앞으로 언제까지 이 일을 하실 거예요?"라고 당차게 물었다. 한 선배가 과감히 사표를 던지고 다른 사업을 시작한 계기가 나의 그런 질문 때문이라는 이야기를 들었다. 나중에 그분의 사업이 어렵다는 말을 듣고 죄책감을 느끼기도 했다.

신입사원일 때는 30세만 넘어도 엄청 나이 들어 보였다. 지금 보면 아직 한참 어린 나이인데 말이다. 내가 햇병아리 시절에는 뉴스를 하다 실수하면 사무실에 못 들어가고 문밖에 한없이 서 있었다. 아나운서실에 들어서는 순간 야단을 칠 실장님의 고함소리가 무서웠다. 선배에게 야단을 맞고는 화장실에서 많이도 울었다. 세월이 흘러 선배의 자리에 앉아보니 비로소 왜 그렇게 후배들을 닦달했는지 알 수 있었다.

한때는 이상적인 직업에서 여성 앵커가 높은 순위에 오르곤 했다. 하지만 겉으로 보여지는 것과 실제 모습은 거리가 있었다. 당시에 아나운서 조직은 군대처럼 선후배 사이가 엄격했다. 방송은 조금만 긴장을 늦추면 어느 순간 사고가 터진다. 6초 이상 블랭크가 나면 무조건 방송 사고로 경위서를 제출해야 한다.

처음 입사했을 때는 커피 심부름을 하고 선배들 책상을 닦으면서 내가 사환으로 들어온 게 아닌가 하는 자괴감도 들었다. 그 뒤로 방송 연습을 하고 실제 진행을 하면서 나는 왜 이렇게 안 될까 고민하다 보니 어느새 중견이 되었다.

내게도 후배가 생겼고, 조금 더 지나니 내가 입사할 때쯤 태어난 친구들이 들어왔다. 어떻게 하면 방송을 더 잘할까 고민하고 모니터링하며 연습에 박차를 가하고 실전을 치르는 가운데 세월이 화살처럼 흘러갔다.

방송은 미리 기획하고 준비한다. 봄에는 여름 프로그램을 준비하고 가을에 어떤 아이템을 내보낼지 아이디어를 짜낸다. 프로그램을 맡아서 준비하고 몇 번의 개편을 치르고 나니 어느새 나이 많은 사람은 사장님과 나뿐이었다.

나이 차별에 대처하는 소소한 실천 방법

성 차별, 지역 차별을 비롯해 사회에는 온갖 차별이 있지만 나이 차별도 무시하지 못한다. 늙으면 이래야지, 젊은이들은 저래야지 하는 편견에 사로잡혀 있다. 나이 든 사람들은 무조건 고집 세고 성격이 괴팍하다고 생각하는 사람들도 많다.

나이 들었다는 이유만으로 차별받지 않기 위해 나의 잣대로 평가하거나 판단하지 않으려고 나 자신을 채찍질한다. 그래서 나이가 들수록 다른 사람의 입장에서 생각해보는 시간을 갖는 것이 중요하다.

눈에 보이는 것이 그 사람의 전부는 아니기 때문이다.

늙어가는 것을 한탄하기 이전에 이 나이가 되지 않으면 느낄 수 없는 인생의 단계를 만끽하자. 가는 세월을 막을 수는 없다.

사람의 인생은 일방통행이다. 한번 가면 오지 않는데 좀 더 즐겁게 살아야 한다. 늘 똑같은 물에 발을 담그지 않고, 늘 맑은 물이 이어질 수 있도록 해야 한다.

나의 작은 소망은 귀엽고 사랑스러운 노인이 되는 것이다. 《나이 들수록 인생이 점점 재밌어지네요》의 와카미야 마사코처럼 게임을 개발할 정도는 아니더라도 로맨스 소설을 쓰는 귀여운 할머니로 늙고 싶다. 또는 다른 사람들에게 활기를 주는 에너지 넘치는 할머니도 좋다. 다만 고집 세고 자기 생각만 옳다고 주장하는 노인은 절대 되고 싶지 않다.

쎈 언니에서 친구가 되기까지

진심으로 내면의 어려움에 공감하고
동참하려는 노력이 마음을 움직인다.

처음 누군가를 만나면 상대방이 나를 인지하고 0.3~0.5초 안에 첫인상이 만들어진다. 보자마자 어떤 사람이라는 것이 머릿속에 각인되는 것이다. 그렇기에 첫인상이 중요하다.

사람의 뇌가 직렬적 사고를 하는 과정에서 받아들이는 첫 정보를 심리학에서 초두 효과(Primacy Effect)라고 한다. 첫인상의 영향을 받지 않는 사람도 있겠지만 대부분은 무의식중에 만들어진 첫인상을 꽤 오랫동안 간직한다. 맨 처음에는 겉모습을 인지하고, 그다음에 들어오는 것이 목소리다.

첫인상에 가장 큰 영향을 미치는 것은 아무래도 외모, 즉 얼굴과

복장이다. 그런 면에서 잘생긴 얼굴은 많은 이점을 지닌다. 후광 효과(Halo Effect)란 어떤 사람이 한 가지 좋은 특성을 지니고 있으면 다른 좋은 특성들도 함께 가지고 있을 것이라고 생각하는 것을 말한다. 여기서 '한 가지 좋은 특성'이란 잘생긴 얼굴인 경우가 많다. 잘생긴 사람은 성격, 매너, 직업, 집안 모두 좋을 것이라고 생각하는 경향이 있는 것이다.

첫인상이 전부일까?

나의 첫인상을 어떨까? 요즘 표현으로 '쎈 언니' 스타일이라고 한다. 자기 주장을 굽히지 않고 거침없이 말한다는 의미다. 개성이 강해 보인다는 이야기를 듣기도 한다. 하지만 오래 만날수록 진솔하고 변덕스럽지 않은 사람이라는 평을 듣는다. 마흔 살이 넘으면 얼굴에 인생의 흔적이 묻어난다고 한다. 얼굴을 보면 어떻게 살아왔는지 알 수 있다는 것이다.

말하자면 다가가기 어려운 사람으로 보이는 모양이다. 그런데 길거리에서 나에게 길을 물어보는 사람들이 많다. 어디를 가든 그곳에 익숙한 사람으로 보이는지도 모르겠다. 생전 처음 뉴욕에 갔을 때도 거리를 걷고 있으면 맨해튼 가는 버스는 몇 번이냐고 묻는 사람들이 있었다. 또는 근처 화장실이 어디냐고 물어보기도 했다.

면접을 볼 때는 첫인상이 매우 중요하다. 하지만 첫인상이 많은 부분을 차지한다 해도 인생은 길게 봐야 한다. 비록 첫인상은 호감을 주지 않더라도 진솔한 관계를 얼마든지 이어나갈 수 있다. 또한 아무리 첫인상이 좋다 하더라도 금방 드러나게 마련인 것이 인성이다. 사람과 사람의 관계는 단순히 첫인상으로 결정되지는 않는다.

자동차 판매나 보험 판매에 탁월한 사람들의 성향을 나름대로 분석해본 적이 있다. 그들은 화려한 어휘와 멋진 문장으로 현혹하지 않는다. 그보다는 자동차를 사거나 보험을 들어야 하는 고객의 입장에서 진정으로 조언해준다. 조금 어눌해 보이지만 내 편에서 일을 처리해줄 것 같은 사람들이 세일즈에서 탁월한 성과를 보인다.

첫인상이 아무리 좋다 하더라도 시간이 지나면 자신의 이익을 앞세우는 사람은 금세 드러나기 마련이다. 처음에는 크게 성공하는 듯하지만 결국 오래가지 못한다.

쎈 언니의 허당기

처음에는 후배들을 혹독하게 훈련시키는 엄한 선배로 여기다가 2년 정도 지나면 나를 다르게 보기 시작했다. 나는 도저히 손을 뻗칠 수 없을 것 같은 곳에 박힌 못에 찔리고, 책상 모서리에 사타구니나 옆구리를 부딪쳐서 멍드는 것은 부지기수다. 종이에 손을 베는 것은 일상 다반사다. 하다못해 화장실에서 '3초 동안 길게 눌러주세요'라고 적힌 대로 꾹 누르다 손가락이 스위치 옆구리에 끼어 피가 나기도 했다.

내 갈비뼈는 네댓 번 골절되었다. 물론 골다공증이 좀 있어서 남들하고 비슷한 강도로 부딪쳐도 금이 간다. 수영하다가 레인을 구분하는 코스 로프에 새끼발가락이 부딪쳐 금이 갔다. 작년에는 남편과 함께 미국행 비행기를 타고 가다 화장실 문에 왼쪽 네 번째 발가락이 끼었다. 발가락이 퉁퉁 부어올랐지만 남편한테 칠칠치 못하다는 소리를 듣기 싫어서 그냥 버텼다. 15일 뒤에 한국으로 돌아와서 엑스레이를 찍어보니 역시 금이 가 있었다.

한마디로 허당이다. 영어로는 클럼지(clumsy)라고 한다. 칠칠치 못한 성격으로 나는 오히려 비인간적인 완벽주의가 조금은 용서되었다고나 할까? 찔러서 피 한 방울 안 나올 것 같고, 방송에서는 좀처럼 실수하지 않는 선배가 실제 생활에서는 실수투성이 모습을 보이니 오히려 인간적으로 보이는 듯했다.

그러면서도 나는 정치적인 목적을 가지고 누군가와 가까이하지는 않는다. 라디오 프로그램을 진행하면서 만나는 게스트들도 일이라는 목적만을 가지고 대하지 않는다. 사람들은 자신의 애환이나 내면의 어려움에 진심으로 공감하고 동참하려고 할 때 마음을 연다.

나이가 많다고 나보다 어린 사람들에게 쓸데없이 잔소리를 하지 않으려고 노력한다. 다만 나이가 어리든 많든 진심으로 걱정해주고 어려운 일을 같이 해결하려는 노력을 아끼지 않는다. 그러다 보면 나이와 상관없이 친해지고 정을 나누는 친구가 된다.

마음만 맞으면 20대도 친구

마음과 스타일이 맞으면
나이에 상관없이 친구가 돼라.

문득 방실이의 '서울탱고' 가사가 떠오른다. "내 나이 묻지 마세요. 내 이름도 묻지 마세요. 이리저리 나부끼며 살아온 인생입니다."

하루에도 몇 번씩 받는 질문이 "올해 몇이세요?"라는 것이다. 처음 모임이나 단체에 참석하거나 강의를 들으러 갔을 때 뒤풀이 자리에서 자기소개를 하면 꼭 이름과 나이를 밝힌다.

우리나라와 일본의 경우 방송이나 신문에 나오는 사람들도 이름과 함께 나이가 자막으로 적힌다. 그런데 다른 나라 사람들은 일하는 과정에서 이름 외에 나이를 묻는 경우가 거의 없다.

숫자에 불과하지 않은 나이

물론 나이는 숫자에 불과하지 않다. 나이가 주홍 글씨는 아니니다. 하지만 그렇다고 해서 자랑스럽게 내세울 만한 것도 아니다.

방송 생활을 40년 가까이 하면서 수많은 사람들을 만났는데, 오래 인연을 맺은 사람들은 몇 가지 유형이 있다. 유유상종이라고 하지만, 나와 비슷한 스타일의 사람들은 별로 좋아하지 않는다. 나 자신을 썩 좋아하지 않아서일까? 나처럼 목청이 크고 직설적이며 직관적인 사람을 만나기가 부담스럽다.

나하고는 반대 성향을 가진 사람들에게 더욱 끌린다. 나이와는 상관없다. 나보다 위든 아래든 그 사람이 가지고 있는 아우라가 중요하다.

나이로 싸우는 사람들

우리나라 사람들, 특히 남자들은 어떤 이슈를 가지고 논쟁하거나 말다툼을 벌이다가도 마지막에는 "당신 나이가 몇인데 반말이야?"라고 나이 서열을 따지며 우위에 서려고 한다. 이렇게 되면 이슈와는 전혀 상관없이 감정싸움으로 번져 "결국 민증(주민등록증) 까라!"고 소리를 지른다. 주민등록상으로 나이가 더 어리면 출생 신고가 늦었다는 핑계를 댄다.

우리나라는 2009년부터 연령차별금지법이라는 제도가 시행되고 있다. 과거에는 몇 년생 이하 대졸이나 대학 졸업 예정자로 취직할 수 있는 상한 나이가 있었다. 나이로 서열을 매기고 위계질서를 따지다 보니 나이 든 사람이 후배로 들어왔을 때 생기는 보이지 않는 문제들을 미연에 방지하려는 의도인지도 모른다. 그래서 나이가 많으면 취업에 불리하게 작용했다. 법적으로는 금지하고 있지만 지금도 그렇지 않다고는 할 수 없다.

나이가 뭐길래?

긍정적이든 부정적이든 나이가 개입되는 경우가 많다. 나는 나보다 20~30년 어려도 내가 모르는 부분을 잘 알고 있거나 현명하게 일을 처리하는 사람들을 존경한다.

방송 인터뷰의 법칙에 이런 것이 있다.

'나보다 어린 사람과 인터뷰할 때 절대 반말로 대하지 말 것!'

'반대로 나보다 나이 많은 사람, 사회적으로 존경받는 사람, 대통령 같은 높은 지위에 있는 사람과 인터뷰할 때 절대 극존칭을 쓰지 말 것!'

나이가 어리다고 무시하면 안 될 뿐 아니라, 나이가 들었다고 뒷방으로 내몰아서도 안 된다. 나이라는 틀에 가두고 사람을 대해서는 안 된다. 나이가 어리든 많든 존경할 만한 인격을 갖추고 있느냐가 더 중요하다.

아이들을 키울 때도 나와 똑같은 인격체로 대했기에 친구 같은 엄마가 될 수 있었다. 마음에 안 들고 충고하고 싶은 마음은 항상 굴뚝 같다. 그럴 때마다 어른들이 나를 어리다고 무시했던 기억을 떠올린다. 나는 이미 알고 있는 것을 가르치려 했던 어른들이 얼마나 싫었던가.

나이가 들어보니 그때 어른들이 왜 그랬는지 일견 이해할 만하다. 하지만 나는 충고는 거의 하지 않는다. 가벼운 제안도 직접적으로 표현하는 것이 아니라 내 경험을 들려주는 정도로 그친다. 받아들이는 것은 상대의 몫이다.

상명하달식의 수직적인 위계질서로 사회를 이끌어가던 시대는 이미 끝났다. 과거가 산업혁명을 시작으로 성장과 발전에 중점을 둔 화(火)의 시대였다면, 21세기는 공존과 융합이 주도하는 수(水)의 시대다. 옛날에는 노인들의 지혜가 사회의 기틀을 유지하는 데 중요한 요소였다. 하지만 정보화 사회가 이끌어나가는 수의 시대에는 오히려 젊은이들이 지혜의 주머니에 더 빨리 접근한다. 지금은 고인이 된 영능력자 차길진의 글 가운데 이런 대목이 있다.

"사회도 변화한다. 수의 시대는 인종·남녀·신분 차별이 없어지는 평등 세상이 된다. 갑과 을처럼 수직적 관계가 아닌 파트너십처럼 수평적 관계가 정착되고, '금수저·은수저·흙수저'란 용어를 탄생시킨 세습에 따른 재산, 권력의 상속은 없어질 것이며, 삼권이 완전히 분리되고, 국민의 투표로 대통령과 내각이 결정되는 진정한 공화국 형태의 정부가 등장하리라 예상한다."

언제 이런 세상이 올지는 모르지만 수직적인 관계보다 수평적인 관계가 더 필요한 시대인 것만은 분명하다. 이제 띠동갑 차이는 보통이다. 얼마든지 친구가 될 수 있다. 나이가 권위를 부여하던 시대는 지났다. 갑과 을로 나누는 것도 이제는 구시대의 유물이다. 앞으로는 형평의 지혜가 필요하다.

다르지만 행복한 '따로 또 같이'

다름은 틀림이 아니다. 서로를 비난하지 말고 따로따로 맘 편하게 즐기자.

친한 사람, 가까운 가족일수록 내 것을 지나치게 강요하거나 요구하지 않고 서로에게 상처를 덜 주면서 평화롭게 살아가기 위한 방법으로 권하고 싶은 것이 '따로 또 같이'다. 결혼 생활 35년을 넘긴 노하우라고 할 수 있다.

1970년대에 '따로 또 같이'라는 그룹이 있었다. 실력 있는 뮤지션들이 만든 일종의 프로젝트 그룹이었다. 리더였던 이주원은 이미 고인이 되었다. 이주원은 1970~1980년대 우리나라 포크 음악에 큰 족적을 남긴 싱어송라이터다. 그는 당대의 흔한 유행가와는 차별되는 서정적인 가사로 젊은 층에 어필했던 대중가요계의 신성이었다. 양희

은의 노래 '한 사람', '네 꿈을 펼쳐라', '들길 따라서'도 그의 작품이다.

생전에 등산을 즐겼던 이주원은 지리산을 가장 좋아했다고 한다. 지리산의 지리(智異)가 '아는 것이 다르다'는 뜻이라며, "아는 것이 다를 때 정말로 반갑고 재미있다"고 말했다. 그는 서로 '다름'을 인정할 때 '함께'할 수 있다는 것을 알았고, 그 생각을 음악으로 실천했다. 그렇게 해서 탄생한 것이 '따로 또 같이'다.

강인원, 전인권, 나동민과 함께 결성한 그룹 '따로 또 같이'의 음악은 삶에 대한 성찰과 철학이 묻어난다. 1979년 발표된 1집 〈따로 또 같이 맴도는 얼굴〉은 1970년대를 마감하는 대표적인 포크록 명반이다. 멤버 네 명 모두 각기 다른 개성이 두드러지는데도 함께 어울려 음악으로 역사를 썼다.

같이 하기 힘들면 혼자 하라

왜 갑자기 그가 떠올랐을까? 가요 프로그램 진행자로 활동할 때 그와 친하게 지냈다. 불쑥 찾아와서 느리고 천천히 부드러운 음성으로 말을 걸곤 했다. 음색이 차분하면서도 부드럽고 로커 같은 면도 있었다. 김민기 같은 스타일이지만 그보다는 훨씬 맑은 음성이었다.

'따로 또 같이'는 내가 지향하는 인생의 방향과 일치한다. 부부이든 가족이든 회사 동료이든 상대의 색깔을 인정해주고 조금 거리를 두면서 나름의 방식을 유지해나가는 것이 상대를 이해하는 지름길이다. 너무 가까이 있으면 그 사람을 제대로 볼 수 없다. 조금 거리를 두면 왜 저 사람이 저렇게 해야만 했는지 이해하게 된다. '따로 또 같이'는 나의 좌우명이기도 하다.

달라도 너무나 다른 부부

연애할 때는 나와 다른 점이 매력으로 느껴진다. 전혀 다른 유전자가 만나야 건강한 아이가 태어나기 때문에 본능적으로 자신과 반대되는 사람에게 빠진다는 이야기도 있다. 근거 있는지는 모르겠지만 일리는 있는 듯하다. 그러나 이혼 사유가 결혼한 이유와 똑같은 경우가 많다는 통계가 있다.

나도 결혼하고 보니 생활 습관과 식습관 등 다른 점이 너무 많았다. 연애 시절에 우리가 비슷하다고 느낀 것은 콩깍지가 씌어서 서로에게 맞췄거나 착각했기 때문이다. 이렇게 다른 사람들이 원만한 가정생활을 이어나가기 위한 부부 생활 팁이 있다.

물론 개인의 경험이 모두에게 적용되는 것은 아니다. 하지만 결혼생활이라는 것이 대체로 비슷비슷하다고 하면 도움이 되는 팁이 조금은 있을 것이다.

가정의 평화와 마음의 평정심을 유지하고 정신 건강에 도움이 되기 위한 방법으로, 신혼 초부터 오랫동안 크고 작은 다툼을 하면서 터득한 작은 지혜이다.

함께 취미 활동을 하지 않는다

같은 취미를 가진 사람들이 만나서 결혼했다면 큰 문제 없다. 그러나 나와 남편은 정반대이다. 나는 우울하고 힘들고 일이 풀리지 않으면 사람들을 만나 수다를 떨거나 윈도쇼핑을 하면서 스트레스를 푼다. 적어도 밖에 나가서 걷기라도 해야 한다.

반면 남편은 힘들고 괴로운 일이 있을수록 집 밖으로 절대 나가지 않는다. 집 안에서 자신만의 시간을 가지거나 잠을 자면 자연스럽게 풀리는 것 같다.

성향이 다르다 보니 우리는 무언가를 같이 하기 힘들다. 지금은 서로의 성향을 누구보다 잘 알기에 억지로 같이 하려고 하지 않는다. 하지만 결혼 초에는 함께 해보려고 애쓰다 기분만 상할 뿐이었다.

탁구를 같이 쳐본 적도 없다. 새벽에 수영하고 운동하는 것이 건강에 도움이 된다고 권했지만 저녁형 인간인 남편에게는 무리였다. 늙어갈수록 새벽형 인간이 되어가고는 있지만.

어디든 같이 다니려 하지 않는다

부부 동반으로 참석해야 하는 자리가 아니라면 같이 다니지 않는다. 요즘 젊은 부부들은 남편이 아내의 취향을 잘 따라준다. 서로 잘 맞고 함께 하고 싶은 마음이 넘치는 사람들은 당연히 같이 하는 것이 좋다.

그러나 나와 남편은 걷는 속도부터 다르다. 내가 빨리 걸으면 남편은 못 따라온다. 아니면 남편이 한두 걸음 앞서가고 나는 뒤에 간다. 게다가 팔짱을 끼고 나란히 걷는 것도 멋쩍다. 부축해야 할 상황일 때나 팔짱을 낀다. 손을 잡고 걷는 것은 더더욱 안 된다. 더운 날씨에는 손바닥에 땀이 나고 보조를 맞추기도 어렵다.

우리 부부는 뭐라도 같이 하러 나갔다가 속으로 툴툴거리며 욕을 하기 일쑤다. 내가 삐치거나 남편이 삐치거나 둘 중 하나다. 같이 여행하는 것도 불편하다. 서로의 관심사가 다르기 때문이다. 상하이의 어느 박물관에 들어갔을 때 시뮬레이션 스타일로 인형을 만들어놓은 것과 역사 속 유물들을 흥미진진하게 보고 있는데, 어느 순간 돌아보니 남편이 보이지 않았다. 남편은 내가 너무 오래 꾸물거린다면서 출구 쪽에 나가 있었다.

나는 전혀 관심이 없는데 남편은 열심히 보는 경우도 있다. 특히 미국의 대형 마트에 가면 더욱 심하게 갈린다. 휴대폰이 없으면 서로를 찾기도 어려울 정도로 관심 분야가 다르다.

백화점이나 마트를 가면 나는 주로 패션이나 액세서리 매장에서 정신없이 구경한다. 싸고 예쁜 것을 발견해도 몇 번이나 몸에 맞춰봐야 직성이 풀린다. 그런데 남편은 빨리 사서 나가자고 재촉한다. 나는 사는 것이 목적이 아니라 보는 것 자체를 즐긴다. 하지만 남편은 살 것인지 말 것인지 결정하라고 다그친다. 매장에 진열되어 있는 상품을 이것저것 만져보는 것도 못마땅해한다. 남편이 옆에 있으면 제대로 윈도쇼핑을 할 수 없다.

그러나 식품 매장에 가면 완전히 입장이 바뀐다. 남편은 시식 코너에서 먹어보고 할인 코너에 어떤 물건들이 있는지 하나하나 훑어본다. 나는 필요한 식품이나 물품만 사서 빨리 나가기를 바란다. 서로의 쇼핑 스타일과 관심사가 전혀 다르니 함께 하는 것 자체가 스트레스다.

우리의 해결책은 백화점이든 마트든 30분이나 1시간 뒤에 만나기로 하고 헤어지는 것이었다. 그러면 각자 원하는 것을 실컷 볼 수 있다. 다름이 틀림이 아니라는 것을 인정하기까지 많이 싸우고 다투면서 터득한 지혜다.

아이들이 있는 미국에 자주 드나들 때 신기하게 봤던 것은 백화점 한쪽에 아버지들이 쉴 수 있는 자리가 마련되어 있는 것이었다. 부부의 쇼핑 스타일이 다른 것은 우리 가족만의 문제가 아니었다. 전 세계적으로 비슷한 양상을 보이는 듯하다.

어딘가에 같이 가더라도 서로 헤어져서 각자 관심 있는 것을 구경하고 다시 만나는 것이 '따로 또 같이'의 지혜이다. 세월이 흐른 요즘은 같이 다니면 서로 불편해하고 힘들어하기보다는 서로를 존중하는 관계로 발전했다.

상대를 바꾸려 하지 말고 존중하라

상대방을 바꾸려 들면 절대 바뀌지 않는다.
나를 바꾸면 상대가 바뀐다.

남편과 연애할 때는 아버지 같지 않은 자상함에 끌렸다. 이북이 고향인 아버지는 가부장적인 옛날 아버지상이었다. 무뚝뚝한 성격에 자상함이라고는 없었다. 술이라도 한잔하시면 자식들에게 교훈적인 이야기들을 쏟아냈다. 그럴 때마다 나는 한 귀로 듣고 한 귀로 흘리지 못하고 조목조목 반박했다. 그러다 보니 아버지와 사이가 좋을 리 없었다.

남편을 처음 만났을 때는 사소한 것에서도 자상한 면모를 보이는 모습이 좋았다. 아버지와 다른 점에 더욱 끌렸던 것 같다. 그러나 결혼하고 살아 보니 아버지와 비슷한 점이 너무 많았다. 어느새 자상함이라고 느꼈던 것이 쪼잔함으로 다가왔다.

알고 보니 서로의 취향도 너무 달랐다. 연애하는 동안 콩깍지가 씌었는지, 결혼하고 싶은 마음이 강해서 서로에게 양보한 것인지 모르겠다.

하다못해 한 이불을 덮기도 힘들다. 남편은 더위를 많이 타고, 나는 추위를 많이 타는 것이다. 서로 다른 두께의 이불을 각각 덮고 잔다. 부부인데도 한 이불을 덮고 자는 사이가 아니다. 남편에게 맞추기도 힘들고, 내 것을 고집할 수도 없다. 한 침대에서 각자 원하는 두께의 이불을 덮는 것으로 문제를 해결했다. 서로의 취향을 존중하는 것이 최선이라고 생각했다. '따로 또 같이'의 실천 방법 중 하나였다.

매사에 그런 식이었다. 남편은 오이를 마요네즈에 찍어 먹고, 나는 고추장이나 쌈장에 찍어 먹는 것을 좋아한다. 이럴 때는 고추장과 마요네즈 두 가지를 내놓고 각자 원하는 것을 먹는다. 자기가 먹고 싶은 것을 상대에게 강요할 필요 없다. '따로 또 같이'의 방식은 신혼 초 서로에게 맞추려고 치열하게 싸우다 한계를 느끼면서 자연스럽게 터득한 것이다.

그런데 아이러니컬하게도 각자의 취향대로 즐기면서 35년 이상 같이 살다 보니 직간접적으로 서로에게 영향을 받을 수밖에 없었다. 어느 순간 자연스럽게 남편은 내 쪽으로, 나는 남편 쪽으로 가고 있었다.

서로 닮아가는 부부

나는 익은 김치를 좋아하고, 남편은 김치 자체를 좋아하지 않는 것은 물론이고 신 김치를 입에도 대지 않는다. 세월이 흐르자 나는 약간 덜 익은 김치도 잘 먹고, 남편은 약간 익은 김치도 잘 먹는다.

우리 집은 대체로 분업화되어 있다. 먹거리에 관심이 많은 남편은 마트에서 시장을 봐 오면 냉장고에 넣을 것과 냉동실에 넣을 것을 일일이 나누고 정리한다.

나는 주로 세탁과 청소를 맡는다. 청소기와 세탁기를 돌리는 것이 나의 주된 가사일이다. 오히려 힘쓰는 것은 내가 하고, 세밀한 것은 남편이 한다.

일반적인 부부관계를 우리도 반드시 지켜야 한다는 고정관념에서 벗어날 필요가 있다. 서로 존중하며 자신이 할 수 있는 일을 해나갈 때 평화로운 부부관계가 유지된다.

드라마 속 남자는 없다

요즘 젊은 여성들은 드라마에 나오는 이상적인 남자가 현실에도 있다고 착각하는 경향이 강하다. 방송계에는 혼기를 지난 여자 작가들이 많다. 그들은 상상 속의 남자들을 드라마에서 구현해내는 경향이 강하다.

드라마 여자 주인공은 대체로 현실에서 찾아볼 수 있는 캐릭터이지만 남자들은 그렇지 않다. 백마 탄 왕자가 불쌍한 캔디를 사랑한 나머지 자신이 가진 모든 것을 포기하는 경우는 현실에서 거의 없다.

결혼이라는 현실은 이상과 상상 속의 그림과는 전혀 다르다. 그래서 결혼생활이 더욱 어려운 것이다. 내 부족함을 채워주고 메워주는 남자는 현실에 없다고 생각해야 한다.

여자들은 결혼하면서 남자들보다 더 많은 것들을 포기해야 한다. 직장생활을 하든 전업주부를 하든 마찬가지다. 시댁이라는 새로운 집단에 적응하기도 힘든데 집안일까지 도맡아야 한다. 덜컥 아이라도 생기면 더 많은 일들이 기다린다. 결혼이 새로운 돌파구나 핑크빛으로 다가오는 것이 아니라 굴레같이 느껴지기도 한다.

물론 사랑하는 사람과 함께 살고 싶은 것은 당연한 마음이다. 혼기가 찼으니 결혼하라는 성화에 못 이겨 소개팅이나 맞선에서 만난 남자와 결혼하는 것은 구시대적이다. 지금은 결혼제도 자체가 위기를 맞고 있다는 생각마저 든다. 검은 머리 파뿌리 될 때까지 해로하기 쉽지 않다.

우리나라 이혼율은 OECD 국가 중 9위, 아시아에서는 1위다. 4쌍 중 1쌍이 이혼한다. 신혼부부 이혼이 늘어나고 황혼 이혼도 적지 않다.

부부는 3개월 동안 좋고, 3년 동안 서로 싸우고, 30년 동안 참고 산다는 말이 있다. 적어도 이런 마음으로 서로 노력해야 가정을 지킬 수 있다. 젊을 때는 부부가 함께 뭔가를 해야 한다는 강박이 있었다. 하지만 이제는 자신이 원하는 것은 혼자 하면 되니 싸울 일이 없다. 의견을 물어보고 상대가 동의하면 함께 하고 아니면 혼자 하면 된다.

나이가 들어서도 혼자 식사를 해결할 수 있는 정도의 독립성이 있으면 다른 것은 문제되지 않는다. 아직도 끼니는 아내가 챙겨줘야 한다고 생각하는 남편들이 많다. 나는 음식 솜씨가 뛰어나지도 않고 남편도 크게 기대하지 않는다. 나도 반드시 내가 밥을 차려야 한다고 생각하지 않는다.

부부도 서로를 길들이려 하지 말고 존중하다 보면 세월이 흘러 조금씩 동화된다. 그렇게 식성이 다른 우리도 35년 살다 보니 조금씩 변해서 절충점에 이르렀다.

물론 아직도 안 맞는 부분이 많다. 오랜 세월 같이 산다고 같아지는 것은 절대 아니다. 젊을 때는 상대를 내 쪽으로 끌어오려고 싸웠다면 지금은 상대를 인정해준다. 상대가 싫어하면 바꾸려 하지 않고 있는 그대로 존중해준다.

이제는 싸울 일도 별로 없지만 싸울 힘도 없다. 다른 것은 서로 인정해주고 개성이라고 여기며 지지해주자. 그러기 위해서는 '따로 또 같이'를 실천하는 것이 가장 좋은 방법이다.

내 아이를 옆집 아이처럼 대하라

내가 살고 싶은 인생을 자식에게 원하지 말자!
나는 나, 자식은 자식이다.

직장에 다니면서 아이들을 키우기란 보통 어려운 일이 아니다. 사실 나는 거의 손을 놓고 있었다고 할 수 있다. 요즘 엄마들 이야기를 들어보면 유치원부터 대학 입시를 염두에 두고 교육한다.

첫째 수빈이가 태어난 해 여름 미국 메릴랜드에 사는 시누이가 셋째를 낳았다. 나는 친정에서 1년 가까이 살았고, 시어머니는 미국으로 산바라지를 하러 떠났다. 미국에서 간호사로 일하는 시누이는 아이들 셋을 돌볼 사람이 필요했다. 미국은 만 13세 미만의 아이만 집에 두는 것이 불법이었다. 결국 시누이는 어머니의 미국 초청 이민을 신청했다.

결혼해서 시어머니와 함께 살았지만 내 아이를 봐달라고 붙잡을 수가 없었다. 게다가 초청 이민은 시간도 오래 걸리니 웬만큼 키워주시다 떠나리라고 생각했다.

그런데 이민 수속이 일사천리로 진행되더니 1986년 목동으로 이사 오고 얼마 되지 않아 시어머니가 미국으로 떠나게 되었다. 갑자기 수빈이를 돌볼 사람이 필요했다. 이모가 발벗고 나서 길동의 아파트를 전세 내고 우리 아파트 1단지로 이사를 와주었다. 지금 생각해보면 이모가 나를 사랑하는 마음이 얼마나 컸는지 알 수 있다.

회사를 다니면서 아이를 낳으면 파출부나 아이 돌보미, 입주 가정부 등 다른 사람의 손을 빌리지 않을 수 없다. 당시 성공한 여성들은 대부분 친정어머니나 시어머니가 자녀를 키워주었기에 자기 일에 몰입할 수 있었다.

게다가 수빈이는 낯을 많이 가려서 남의 손에 맡길 엄두도 나지 않았다. 아직 미혼인 남동생 셋과 아버지까지 있어서 친정어머니를 모셔 올 수 없었다. 수빈이를 낳았을 때는 아예 길동 친정에 들어가서 1년 가까이 살았다.

둘째를 낳을 즈음에는 어머니의 건강도 좋지 않았고 이모한테 더 이상 신세를 질 수도 없어서 산바라지부터 도우미 할머니를 썼다. 사실 우리 아이들은 할머니들과 가까이 지낸 경험이 많아서 연세 있는 분들에게 맡기는 것이 정서적으로 안정될 것 같았다.

둘째 승환이는 수빈이보다 낯을 덜 가렸지만, 유치원 가는 것을 몹시 싫어했다. 유치원에 데려다주고 나올라치면 울음을 터트리는 통에 몰래 빠져나온 적도 많았다. 다른 아이들에 비해 조금 늦된 면이 있었다.

놀이공원에 가면 아이들은 재미있는 볼거리에 빠져서 엄마 손을 놓치고 잃어버리는 경우가 많다. 하지만 우리 아이들은 그럴 염려가 전혀 없었다. 아이들이 절대 내 손을 놓지 않았으니 말이다.

지금 생각해보면 분리불안이 좀 심했던 것 같다. 그러다 보니 나는 아이들이 어릴 때 퇴근 후 회식을 하거나 누군가를 만나는 일이 거의 없었다. 방송국 일이 끝나는 즉시 집으로 달려왔다. 24시간 근무하는 셈이었다. 집과 회사일 외에 다른 것은 생각할 겨를도 없었다. 그나마 아이들이 초등학교 고학년이 되면 좀 낫겠지 하는 마음이었다.

무지한 엄마가 아이에게 해준 것

수빈이가 초등학교에 입학했을 때도 학습 진도를 위해 집에서 별도로 가르쳐야 한다는 생각은 하지 못했다. 그저 자유롭게 뛰놀게 하면 된다는 생각이었다. 오히려 수빈이가 다른 애들은 참고서를 몇 개나 하는데 자기는 하나도 안 한다며 사달라고 할 정도였다.

참으로 교육에 무지한 엄마였다. 나중에 어느 교사에게 들으니 초등학교 1학년 아이를 보면 엄마가 직장에 다니는지 전업주부인지 알 수 있다고 한다. 개인 차이가 있겠지만 보편적으로 전업주부 엄마를 둔 아이들이 훨씬 발표력이 좋고 자신감이 있다는 것이었다.

지금 뒤돌아보니 나는 약간 무책임한 엄마였던 듯하다. 아이의 일

거수일투족을 살피는 엄마들이 수두룩하다. 그에 비해 나는 학교에서 있었던 일들을 체크하고 케어하는 데 부족했다.

학원을 선택할 때도 방문해서 비교해보고 아이에게 맞는지 확인하는 것이 아니었다. 그저 아이가 그림 그리는 것을 좋아하니까 근처 미술학원에 보냈다. 그런데 수빈이는 나한테 싫다는 말을 한마디도 하지 않았다. 학원에서 가르치는 방식이 맘에 들지 않아 가만히 있다 오곤 했는데도 말이다. 그 후로 수빈이는 미술을 아예 싫어하게 되었다. 지금도 죄책감이 드는 부분이다.

사소한 것까지 일일이 엄마가 간여한다면 아이들이 자신만의 세계관을 가지는 데 아무런 도움이 되지 않는다고 생각했다. 나름대로 대범하게 대처한다고 했지만 미흡한 부분이 많았다.

다만 어릴 때는 아이들과의 스킨십이 중요하다는 생각에 시간이 날 때면 무조건 아이들과 함께했다. 분리불안이 조금 있었던 수빈이를 화장실에도 안고 가고, 출근 준비를 할 때도 안은 채 화장을 했다. 딸은 초등학교 4학년을 지나면서 엄마를 따라다니는 것을 자연스럽게 그만두었다.

둘째는 약간 달랐다. 어떤 모임이든 같이 가고 싶어 했다. 반상회를 하면 그 집 인테리어가 궁금하다며 따라왔고, 아나운서 선후배 모임이나 회식에도 데리고 다녔다. 주변 사람들은 그러다 마마보이가 된다고 걱정했지만 내 생각은 달랐다.

마마보이는 어머니를 절대적인 권위와 신성불가침 존재로 여기도록 강제적인 훈육을 한 경우, 또는 어머니가 남편, 즉 아버지로 인해 정신적인 고통과 트라우마를 겪고 아버지를 닮지 못하게 어려서부터 아들이 어머니의 말만을 듣도록 강제적인 훈육을 한 경우이다. 나처럼 단순히 어릴 때 엄마의 손길을 많이 느끼도록 늘 데리고 다닌 경우에는 오히려 안정감을 주어 독립하는 데 도움이 된다고 생각한다.

승환이가 고등학교 1학년 때 미국으로 떠나서 10년 넘게 한국에 들어오지 못하고 버티면서 약대를 졸업하고 약사로 자리 잡은 것을 보면 물론 그만의 근성도 작용했겠지만 어릴 때 스킨십을 듬뿍 받았기 때문이라고 생각한다.

자식을 옆집 아이처럼 대하라는 것은 자녀의 인생이 나의 인생이라고 생각하는 태도를 지양해야 한다는 뜻이다. 나는 나이고 자식의 인생은 따로 있다. 아주 넓은 테두리에서 자녀를 돌본다면 훨씬 더 행복하지 않을까?

지금도 아이들 결혼을 왜 안 시키냐고 묻는 사람들이 있다. 그럴 때면 "글쎄, 결혼은 시키는 것이 아니라 자기들이 하는 것 아닐까요?"라고 답한다.

수다의
재발견

내 마음의 짐을 내려놓는 수다는 다른 사람의 행동을
이해하려 노력할 때 더욱 빛을 발한다.

나는 평소에 우울하거나 힘들 때 속으로 끙끙거리며 삭일 줄을 모른다. 내 치부라도 드러내야 스트레스가 풀린다.

아이들을 유학 보내고 돈이 없어 쩔쩔맬 때도 남편은 누구에게든 절대 아쉬운 소리를 하지 말라고 했다. "당신이 아쉬운 소리를 해도 한심하다고 생각할 뿐이야. 도와주지도 않으면서 말이야. 결국 아무런 도움도 받지 못하고 자존심만 상하게 되지."

그러나 어려운 일들을 가슴에 품고 끙끙거리면 더욱 스트레스만 쌓인다. 속 시원하게 남편 흉을 보고, 힘들어 죽겠다고 털어놓으면 가슴속의 울분이나 분노가 사그라든다.

말을 해야 풀리는 사람이 있는가 하면 말을 하지 않고 자기만의 동굴에 들어가서 속으로 삭이는 사람들이 있다.

신변잡기 따위로 수다를 떠는 것이 아니라 자신의 이야기를 함으로써 내면 깊숙이 묻어두었던 마음의 응어리를 끄집어내는 것이다. 그렇게 나의 내면을 들여다보면 마음의 상처를 치유하는 힘이 생긴다.

내 감정 끄집어내기

나는 마음이 힘들고 스트레스가 심할 때 단순히 만나서 이야기를 주고받는 것만으로도 치유된다. 가슴속에 돌덩이가 매달려 있는 듯 괴로울 때도 수다로 풀어내고 나면 어렴풋한 마음속 안개가 조금은 걷히는 느낌이다. 뿌옇게 흐렸던 시야가 약간 밝아지는 것이다.

내 목소리만 크게 낼 것이 아니라 다른 사람의 입장을 헤아리면서 왜 그렇게 행동할 수밖에 없었는지를 이해하려고 노력하면 수다를 통해서도 힐링이 된다.

나이가 들수록 친한 친구들이 세상을 떠나면서 점점 외로워진다. 미국 할머니들한테 잘못 말을 걸었다가는 그들의 엄청난 수다를 감당해야 한다는 우스갯소리도 있다. 말할 상대가 적어지는 만큼 말을 잘 풀어가는 기교가 더욱 필요하다.

내 이야기를 일방적으로 뱉어내서는 안 된다. 과거에는 여성들이 쓸데없는 말을 쏟아내는 것을 수다라고 부정적으로 생각했다. 여자들의 수다를 하찮게 여기는 인식이 사라지지는 않았지만 수다의 긍정적인 면을 주목하기 시작했다. 과거에는 여성들의 전유물처럼 생각했던 수다를 이제 남성들도 즐긴다. 나아가 수다는 성공하기 위해 갖추어야 할 능력으로 인정받고 있다.

인기 있는 사람이 되거나 성공하기 위해서는 수다를 잘 떨어야 한다. 수다는 마음의 짐을 내려놓기 위한 도구이다.

꼰대로 살지 않으려면

말은 살아서 날아다닌다. '옛날에는', '그때는 안 그랬는데', '내가 어떻게 키웠는데', '요즘 애들은 정말', 이런 말을 하지 않도록 노력한다.

세상이 망했어도 몇 번은 망했어야 하는데 아직도 세상은 건재하다. 사실은 2,000여 년 전 예수님이 세상에 오셨을 때부터 말세였다. 기원전 로마제국 시대에도 요즘 젊은이들 때문에 세상이 망한다고 개탄했다. 그런데 인류는 젊은 사람들이 새롭게 바꿔나가면서 발전하는 것이다.

피디 시절 좋은 프로그램을 같이 만들다가 데스크를 하는 친구가 입에 달고 사는 말이 있었다.

"나 어렸을 때는 안 그랬는데. 그때는 하라면 뭐든 했는데 요즘 애들은 참 어이가 없다."

그럴 때 나는 이런 말을 했다.

"너도 꼰대가 되어가고 있구나. 왕년 소리를 하는 것을 보니. 후배들에게 섭섭한 게 많은 걸 보니 정말 나이가 들어가고 있나 보다."

말이 씨가 된다

정년퇴직을 하고 팟캐스트 〈건강 솔까말〉을 만들 때 선배가 갑자기 전화를 해서 같이 점심을 먹자고 했다. 대학 시절 UNSA 동아리 1년 남자 선배로, 우락부락하기보다는 언니처럼 감성적인 조언을 해주는 성격이었다. 그의 결혼식 사회도 내가 봐주었다. 남자 선배이지만 여자 선배처럼 다정하고 일상적인 수다를 잘 받아주었다.

그날도 밥 먹으면서 앞으로의 계획을 이야기하다가 조심스럽게 고려대 로스쿨 최고위과정을 해보지 않겠냐는 제안을 했다. 최고위과정이라는 것이 사교 모임처럼 인식되어 썩 좋게 생각하지 않았다. 그런데 그날 따라 어떤 것에 이끌렸는지 흔쾌히 참여하겠다고 했다.

첫 강의 시간에 한 사람씩 자기소개를 한 다음 계획을 이야기했다. 나는 전 세계의 많은 나라를 여행하고 싶은 소박한 꿈이 있다고 이야기했다.

그런데 그 말을 기화로 정말 1년의 반쯤을 해외여행을 하면서 보내고, 지금도 여행을 계속하고 있다. 말로 내뱉는 것은 생각보다 힘이 있다. 그래서 "말이 씨가 된다"는 속담이 있는 것이다.

상대의 귓속으로 흘러 들어간 말이 그의 마음을 열고 때론 지갑도 연다. 법정에 선 용의자가 억울한 혐의를 벗는가 하면, 범죄가 드러나 심판을 받기도 한다. 그뿐인가. 사기꾼에게 빼앗긴 재산도 배심원을 잘 설득하면 되찾을 수 있다. 말만 잘해도 재산과 생명까지 구할 수 있다.

내가 던진 한마디

88올림픽 육상의 꽃 100미터 남자 결승전이 있던 날이었다. 나는 스튜디오에서 올림픽 소식을 전하는 특집 방송에 투입되어 현장을 연결했다. 당시 남자 육상 100미터는 마의 시간인 10초대를 깬 미국의 칼 루이스가 유력한 금메달리스트였다. 그런데 칼 루이스의 9.99초를 깨고 캐나다의 벤 존슨이 9.79로 우승하는 이변이 일어났다. 모두 그를 기다리고 있는데 무슨 일인지 시상대에 나오지 않았다. 그때 나는 "저 친구 도핑에 걸린 것 아닐까요?"라고 말했다. 그런데 정말 벤 존슨이 도핑에 걸려서 금메달이 박탈되었다는 소식이 전해졌다.

내가 무심코 내뱉은 말이 딱 맞아떨어졌다. 하지만 사실은 합리적 근거를 가지고 한 말이었다. 선수들은 경기가 끝난 직후 도핑 테스트를 한다. 그런데 빨리 나오지 않는다는 것은 문제가 생긴 것이다. 이상이 있으면 한 번 더 할 수 있고, 본인이 아니라고 부인하면서 의견 충돌이 일어날 것이다. 이러한 분석하에 그와 같은 멘트를 한 것이었다.

얼마 전 블로그에 이런 사연을 적었는데 영국에서 벤 존슨 관련

다큐를 제작하는 사람에게 쪽지가 왔다. 영국의 감독 제임스 리드(James Reed)의 현지 통역 겸 조연출이라고 밝힌 그는 이렇게 말했다.

"인터넷에서 벤 존슨에 관한 정보를 찾다가 블로그를 보고 연락드립니다. 당시 벤 존슨 약물 적발 사건 현장에 있었던 분들과 접촉하는 것이 최우선 목표인데, 약물 검사 현장에 있었던 검사관이나 기자들을 연결할 수 있을까요?"

일단 내가 현장에 있었던 것이 아니었기에 관련 기자를 연결해주기는 했지만 그 뒤로 어떻게 되었는지는 알 수 없다.

생방송 현장에서는 한번 내뱉은 말이 엄청난 파급효과를 일으킬 수 있다. 순발력만으로 무리수를 두면 심각한 문제를 초래할 수도 있다. 정확한 자료, 합리적이고 객관적인 분석을 바탕으로 이야기해야 한다.

무수히 많은 방송을 진행하고 제작하면서 내가 던진 한마디 말이 현실이 되었을 때 느끼는 기쁨도 크지만 아울러 그 말에 대한 책임감도 무겁다는 것을 깨달았다.

조언과 충고를 자제하자

아이들을 키우면서 야단치고 싶은 말이 목구멍까지 올라올 때가 한두 번이 아니었다. 늦잠 자지 마라, 빨리 씻어라, 공부해라, 부드럽게 말해라, 인사 잘해라……. 충고하고 싶은 말이 너무 많았다. 그러나 조금만 참고 내가 먼저 모범을 보이면 나중에 아이들이 그대로 따라 하는 것을 발견했다.

나는 '사랑한다'는 말을 잘 못 한다. 다른 것들은 젊은이 못지않은 사고방식을 가지고 있다고 자부한다. 그런데 사랑한다는 말은 자주 하지 않아서인지 너무 낯간지럽다. 무엇이든 생활 속에서 자주 해야 습관이 된다.

젊을 때는 어머니에게도 사랑한다는 말을 하지 못했다. 어머니가 아흔의 연세로 돌아가시기 직전 요양병원에 입원해 계실 때 비로소 사랑한다는 말을 했다.

사랑한다는 말은 아직도 낯설다. 서양에서 온 풍속이어서 더욱 그런 듯하다. 대신에 '나는 너를 믿는다'는 말을 자주 한다. 내가 주는 믿음의 자양분만큼 아이들도 그렇게 자라주었다.

가족 간에 잘되라고 하는 말이 얼마나 많은 가시가 되어 상대방을 찔러대는지, 가까운 사람일수록 사소한 말이 더 깊은 상처가 된다는 것을 나이가 들어서야 비로소 깨달았다.

말의 파급력은 나도 모르게 커질 수 있다. 이왕이면 나쁜 말보다 좋은 말을 하자. 타인의 입장을 배려하면 좋은 말이 자연스럽게 나온다.

5장

★

가슴을 뛰게 하는 것들을 찾아라

★

나이는 걸림돌이 아니다

오늘이 남은 인생에서 가장 젊은 날이다.
약간 불편할 뿐 나이는 걸림돌이 아니다.

내 체질은 여름 견디기가 겨울보다 훨씬 수월했다. 적어도 몇 년 전까지는. 그런데 요즘 들어 여름 견디기가 힘들어 나이가 먹어서 체질이 더위도 힘들어진 것 아닌가 했는데, 사실은 나이보다는 전체적으로 여름이 더 더워지긴 했다. 지구 온난화라나 뭐라나. 나이를 먹다 보니 매사를 나이 탓으로 돌려버리면서 이유를 찾는 경향이 있다. 여기에 빠지면 정말 헤어 나오지 못한다. 어차피 나이는 먹는 거니까.

세상의 온갖 차별들이 심한 게 많지만 나이 차별 또한 심각하다. 누구도 나이를 먼저 먹을 수 없기에 그렇다. 물론 나이는 숫자에 불과하지 않다. 그러나 그렇다고 나이만 따지는 것은 너무 비겁한 일이다.

나이에 집착하지 않기

스웨덴의 영화감독 잉그마르 베리만은 나이 드는 것에 대해 이렇게 말했다.

> "나이 든다는 것은 거대한 산을 타는 것과 같다. 올라가기까지는 힘이 들지만 시야는 더욱 자유로워지고, 더 넓어지며, 더 고요해진다."

100세 장수 시대, 급격한 고령화의 시대 노인인구가 급격하게 늘고 있다. 초고령사회는 65세 이상 연령층이 총인구의 20퍼센트 이상을 차지하는 사회를 말한다. 우리나라도 출산율 저하와 기대수명의 증가로 인해 노령 인구가 급격하게 늘어나고 있다.

PMG 지식엔진연구소가 집필한 《시사상식 바이블》에는 "우리나라는 2000년에 노인 인구가 전체 인구의 7퍼센트를 넘어서면서 고령화사회에 진입했으며, 2017년에 노인 인구가 14.2퍼센트를 차지하며 고령사회로 진입했다. 그리고 2026년에는 20퍼센트를 넘어 초고령사회에 도달할 것으로 예측된다."라고 나와있다.

초고령화 시대에 나이가 드는 것을 어떻게 받아들이고 살아갈 것인가는 특히 나이 든 사람들의 몫이다. 젊은 세대에게 노인들을 부양해야 한다는 의무를 지울 수는 없다.

열망은 나이 들지 않는다

나는 로맨스 소설을 즐겨 읽었고, 지금도 좋아한다. 영화와 드라마도 로맨스를 주로 본다. 현대판 신데렐라 영화인 〈귀여운 여인(Pretty Woman)〉은 100번 가까이 봤다.

저마다 취향이 다르겠지만 나는 좋아하는 영화와 드라마를 반복해서 보는 것을 즐긴다. 처음에는 스토리 중심으로 보고, 다음에는 배우들의 연기와 매력을 본다. 그다음에는 배경이나 화면의 디테일, 색깔, 인테리어 소품을 유심히 보고, 어떤 때는 감독의 의도를 집중적으로 파악한다. 같은 영화라도 보면 볼수록 처음 봤을 때 안보이던 것이 보이는 재미가 쏠쏠하다.

하이틴 로맨스도 좋고 풋풋한 20대의 사랑 이야기, 신데렐라 스토리도 즐긴다. 나이 들어 시간이 많아지면 로맨스 소설을 쓰는 할머니가 되는 것이 꿈이었다. 그런데 막상 정년퇴직을 하고 보니 생각만큼 시간 여유가 없다. 더구나 로맨스 세포마저 퇴색해버렸는지 생각이 안 난다.

그래서 일단 로맨스 소설을 쓰는 그레이 시니어 노릇은 어려울 것 같다. 이제 와서 생각해 보면 이미 적어도 40대나 늦어도 50대에 그런 시도를 시작했으면 가능했을지도 모르겠다 싶다. 반대로 나이가 들면 감성과 느낌도 쪼개지고 무뎌지고 둔탁해지리라고 막연히 생각했었다. 그러나 막상 60대가 넘어 보니 절대로 내게 있던 갬성이 없어지지도 않고 도리고 새로운 것들에 대한 기대와 희망이 솟아나고 있는 나를 발견한다.

하고 싶은 열망이 없어진 것이 아니라 사회적 분위기에 따라 약간 양보할 뿐이다. 나는 나로서 존재한다.

직장생활과 가정생활을 다 잘해야 한다는 강박, 아이들 키우는 교육문제 등등 온갖 상황 속에서 바쁘게 돌아가던 것이 시간이 여유가 생기면서 오히려 더 배울 것도 많고 할일도 많아졌다. 60이 넘고 정년퇴직을 하고 나서 뭔가 할일이 더 없어지는 것이 아니라 무궁무진하게 해야 할일이 더 많이 떠오른다. 인생 2막이라는 말보다는 사람의 나이가 몇이든 현역이라는 생각이 더 강하다

죽을 때까지 현역이다

기대수명의 증가로 인해 노인의 기준마저 바뀌고 있다. 유엔은 전 세계 인류의 체질과 평균수명을 측정한 결과 연령 분류의 새로운 기준을 발표했다. 그에 따르면 사람의 평생 연령은 5단계로 나뉜다. 0~17세 미성년, 18~65세 청년, 66~79세 중년, 80~99세 노년, 100세 이상 장수 노인이다.

가장 큰 특징은 65세까지 왕성한 활동을 하는 청년기로 분류한 점이다. 국어사전에 따르면 우리나라의 청년기는 "대개 20세 전후의 시

기로, 이때부터 신체와 정신이 가장 왕성하게 발달한다"고 규정한다.

여기서 큰 개념의 차이를 주목해야 한다. 유엔이 규정하는 청년기와 통념상 우리가 생각하는 청년기의 기준을 보면 대한민국은 지루하다 싶을 정도로 노년이 길다. 청년기를 짧게 보는 우리는 긴 노년기로 전락하는 느낌이다. 유엔의 새로운 기준은 역동적이면서 에너지가 넘쳐 우리의 정신력을 더욱 자극한다.

더 이상 청년이 아니라고 생각하는 중년들이 몸과 마음의 건강을 지키면서 청년의 열정으로 살았으면 한다. 물론 나이가 들면 체력도 달린다. 젊을 때는 몇 시간을 컴퓨터 앞에 앉아서 작업해도 끄떡없었다. 하지만 지금은 1시간만 컴퓨터를 쳐다봐도 눈이 아프고 손가락이 저리고 어깨가 뻐근하다.

젊을 때와 똑같을 수는 없다. 젊을 때의 리듬을 되찾으려 하지 말고, 시간을 조금 천천히 맞추자. 나는 아침에 몇 시간 글을 썼다면 그다음 1시간은 걷는다거나 좋아하는 윈도쇼핑을 하며 보낸다. 그러면서 내 체력에 맞는 지점을 찾는다.

절망감에 빠져 '나이 들어서 내가 무엇을 할 수 있을까? 나는 안 돼'라고 단정하지는 말자. 내가 즐겁게 할 수 있는 것들을 찾아서 하면 나이가 들어도 얼마든지 인생을 즐길 수 있다. 심지어 다른 사람에게도 즐거움을 줄 수 있다.

《나이 들수록 인생이 점점 재밌어지네요》의 저자 와카미야 마사코는 '2017년 아이폰 게임 앱을 개발한 82세 할머니', '애플의 팀 쿡이 극찬한 세계 최고령 앱 개발자'로 언론에 소개되면서 전 세계적으로 주목받았다.

와카미야 마사코는 처음부터 컴퓨터에 능통한 사람이 아니었다. 정년퇴직을 할 때까지만 해도 컴퓨터를 거의 사용한 적이 없는 '컴맹'에 가까웠다. 그러나 나이를 넘어서 자신이 할 수 있는 일을 개척해 화제의 중심에 설 수 있었다.

호기심의 끈을 놓치지 않는다

호기심은 나를 움직이는 원동력이다.
호기심을 멈추지 말자.

1998년부터 2002년까지 방송된 〈호기심 천국〉(SBS)은 교양과 오락을 접목한 과학 교육 프로그램으로 일반인들의 사소한 궁금증을 과학적으로 증명하고 해결하는 방식으로 진행되어 큰 화제를 몰고 왔다.

오래 살다 보면 그만큼 보고 듣고 읽는 것이 많아서 그게 그거 같고 궁금한 것들이 줄어든다. 그러나 노화를 늦추고 뇌 건강을 위해서도 호기심을 가지는 것이 좋다.

아리스토텔레스는 호기심이야말로 인간을 인간이게 하는 특성이라고 말했다. 아인슈타인은 "나는 천재가 아니다. 다만 호기심이 많을 뿐이다"라고 말했다. 1904년 미국의 작가 잭 런던은 "한국인의 두드러진 특성은 호기심이다. 그들은 '기웃거리는 것'을 좋아한다. 한국말로는 '구경'이라고 한다"고 했다.

한국인의 호기심에 대한 서양인들의 증언은 그로부터 100여 년이 지난 2000년대에도 계속되었다. 프랑스 소설가 베르나르 베르베르는 "한국인은 호기심에 가득 차 있다. 어린아이 같은 열린 눈과 열린 마음으로 새로움을 추구한다"고 했다.

호기심 많던 젊은 시절

평균적인 한국인에 비해서도 나는 호기심이 조금 더 강한 편이다. 요즘은 궁금한 것이 있으면 일단 핸드폰으로 검색한다. 휴대폰과 컴퓨터도 없던 시절에는 선생님이나 어른들에게 물어보았다. 그래도 속 시원한 답을 듣지 못할 때는 잡지나 신문, 책을 찾아보거나 직접 해볼 수밖에 없었다.

청량리에 살 때였다. 지금은 사라졌지만 집 앞으로 개천이 흘렀다. 개천을 가로질러 다리가 놓였고, 한편에는 미나리꽝이라고 불리던 미나리밭도 있었다. 정지용의 시 〈향수〉에서 표현한 아름다운 실개천이 아니라 동네 하수도와 연결되어 여름에는 냄새가 심하고 물도 더러운 개천이었다.

어느 날 '눈을 감으면 어떻게 걸어갈 수 있을까?' 하는 호기심이 발동했다. 눈을 감고도 똑바로 걸어보고 싶은 충동이 일었다. 하지만 얼마 못 가서 시궁창 같은 개천에 빠지고 말았다. 그렇게 높지 않아서 다친 곳은 없었지만 시커먼 구정물이 온몸에 묻었다. 내가 어떻게 구출되었는지는 전혀 기억나지 않는다. 엄마에게 혼날까 봐 어떤 남자애가 나를 밀었다고 거짓말을 했다.

어릴 때 자주 했던 것 중 하나가 거울을 눈 밑에 대고 걷는 것이었다. 거울을 눈 밑에 대면 천장이 비친다. 그 상태로 걸음을 옮기면 내가 거꾸로 천장을 걷거나 구름 속을 걷는 듯한 기분이 든다. 하늘이나 천장을 걸으면 어떤 기분일까 하는 호기심에서 비롯된 일들이었다.

중학교 2학년 때 스카라 극장 뒤편 건물 4층(아래층에는 가게와 사무실이 있고, 꼭대기는 가정집)에 살던 이모네에서 가사도우미와 함께 거리를 지나가는 사람에게 침이 떨어지면 알아챌까 하는 호기심에 침을 아래로 뱉는 장난을 쳤다. 사람들이 거의 알아채지 못하고 지나갔는데 머리숱이 별로 없는 아저씨가 느낌이 이상했는지 위를 쳐다보다 우리를 발견하고는 마구 쫓아 올라왔다.

방송을 진행한다는 것은 어쩌면 직접 대면하기 어려운 청취자들을 대신해서 조그만 궁금증을 풀어주는 일인지도 모른다. 그런 점에서 호기심 많은 내 적성에 맞는 일이었다. 특히 인터뷰 프로그램은 직접적으로 호기심과 궁금증을 해결해줘야 한다. 그러다 보니 인터뷰를 어떻게 해야 상대방이 마음 편하게 자신의 이야기를 털어놓을지 노하우가 쌓여갔다.

하다못해 소개팅 자리에서도 이런 직업병이 발동했다. 대화를 하다가 어느 순간 정신을 차려보면 인터뷰를 하고 있는 나 자신을 발견했다. 그리고 항상 시간을 체크하는 습관이 몸에 배어 자주 시계를 쳐다보았다. 이런 행동을 보고 상대방은 자신이 맘에 안 드는 것으로 여기고 불쾌해하기도 했다.

호기심을 충족하는 기술

나이가 들고 연륜이 쌓이면서 호기심이 조금씩 사라지는 것은 사실이다. "아름다움을 제대로 볼 줄 아는 능력을 가진 사람은 결코 나이 들지 않는다"는 프란츠 카프카의 말처럼 아름다움을 느끼려면 미지의 세계에 대한 호기심의 끈을 놓지 않아야 한다.

연애의 시작은 상대방을 조금 더 알고 싶은 호기심에서 출발한다. 마치 연애를 시작하는 연인의 마음으로 세상을 바라보자.

100세 시대 인생 2막에도 '왜 그럴까' 하는 궁금증의 끈을 놓지 말자. 배움을 멈추고, 호기심이 흐릿해질 때, 그리고 현실보다 과거와 꿈속에 머무르려 할 때 노년기의 어둠이 드리운다. 그 어둠을 걷어내는 방법이 바로 호기심의 불을 밝히는 것이다.

전자기기와 친해져 새로운 세계를 탐구하다

스마트 기기를 너무 가까이 해도 문제가 되지만,
그렇다고 두려워하지 말고 친구로 삼자.

나이가 들면 세월이 훨씬 더 빨리 지나가는 것처럼 느껴진다. 시간이 흐르는 속도가 각 연령대의 숫자와 같다는 우스갯소리도 있다. 10대는 시속 10킬로미터였다면 60대는 시속 60킬로미터 속도로 느껴진다는 것이다.

이러한 현상을 뇌과학으로 해석한 학자들도 있다. 사람들은 에피소드를 중심으로 기억하는데, 나이가 들면 어릴 때나 젊을 때보다 에피소드가 줄어들고 단조롭기 때문에 시간이 건너뛰듯이 빨리 지나가는 것처럼 느껴진다는 것이다.

시간의 속도를 느끼는 나이

새로운 세계에 발을 들여놓는 일이 두렵기도 하고, 잘 모르는 것들을 시도하기가 힘든 것이 당연하다. 그러나 새로운 것을 탐구하는 호기심이 노화를 늦춘다는 연구 결과가 있다. 게다가 나이 들어서 움직임이 원활하지 않는 사람들에게 인터넷 세상이 더 필요한 것인지도 모른다.

어떤 선배의 어머니는 연세가 드시면서 컴퓨터를 사달라고 하시더니 시장에 가지 않아도 장을 볼 수 있고, 극장에 가지 않아도 영화를 볼 수 있다며 무척 좋아하셨다고 한다. 어떻게 마음을 가지느냐에 따라 첨단기기가 노인들에게 더없는 친구가 될 수 있다.

리처드 포티의 《나무에서 숲을 보다》에는 "호기심이야말로 가장 의미 있는 인간의 본성"이라는 구절이 있다. 새로운 세계에 발을 들여놓는 것을 두려워하지 않는 사람은 없다. 단지 정도의 차이가 있을 뿐이다. 나이가 들수록 스마트폰을 비롯한 문명의 이기들을 기꺼이 받아들이자. 새로운 앱과 현상들을 직접 경험하고, 젊은 세대들의 전유물로 여겨지는 것들을 조금 더 친근하게 느껴보자.

스마트폰 게임에 빠지다

갤러그로 대표되는 전자오락이 성업을 이루던 시절에는 대체로 명동 오락실에서 친구들을 만났다. 친구가 조금 늦더라도 시계만 쳐다보며 기다리는 것이 아니라 게임을 하면 되니 전혀 지루하지 않고 시간도 잘 갔다. 그때 주로 했던 게임이 자동차 운전 시뮬레이션과 롤플레잉 게임이었다.

PC시대가 도래할 것이라는 이야기를 듣고 부팅하는 데도 한참이나 걸리는 컴퓨터를 배웠다. 그러다 사무실에 286 컴퓨터가 설치되면서 그야말로 컴퓨터 게임에 빠져들었다.

점심시간이 되면 PC 앞을 서로 차지하면서 팩맨이라는 게임을 했다. 그러다 슈퍼마리오 게임으로 바뀌었다. 악당 쿠파에게 잡혀간 공주를 구하기 위한 마리오의 여정을 담은 게임이다. 마리오는 세상에서 둘째가라면 서러워할 최강 캐릭터다. 빨간 모자에 멜빵바지, 콧수염을 단 이탈리아 배관공은 미키마우스, 포켓몬스터, 심슨과 함께 지구촌에서 가장 사랑받는 캐릭터다.

슈퍼마리오 시리즈는 세계에서 가장 많이 판매된 게임으로 기네스북에 등재되었다. 배경음악도 인상적이다. 대학 시절 밴드에 가입해 기타를 치면서 열정적인 생활을 보냈던 미야모토 시게루는 비디오 게임도 시각적인 재미뿐만 아니라 듣는 재미가 있어야 한다는 생각으로 콘도 코지라는 전문 작곡가에게 배경 음악을 맡겼다.

마리오 형제가 점프를 할 때마다 나오는 소리와 경쾌한 배경 음악이 귀를 사로잡았다. 급기야 닌텐도는 슈퍼마리오의 배경 음악을 음반으로 판매했다. 뿐만 아니라 도쿄 음악단이 연주하고, 자메이카의 레게 가수 샤인 헤드가 랩으로 부를 정도로 인기가 높았다. 이 게임은 닌텐도라는 회사를 정상에 올려놓는 데 큰 역할을 했다.

그 후에 빠져든 것이 페르시아의 왕자라는 어드벤처 게임이다. 페르시아의 왕자를 개발한 조던 메크너는 '납치당한 공주를 구한다'는 슈퍼마리오의 설정을 차용했다고 전해진다. 중동의 신비로운 분위기가 물씬 풍기는 독특한 오프닝 음악, 당시의 게임들에서는 보기 힘들었던 사실적이고 부드러운 움직임, 다양하게 준비된 퍼즐, 물약과다 복용, 추락, 가시 트랩 등 다양한 방법으로 죽는 왕자의 모습, 굉장히 사실적인 색채와 배경으로 환상의 세계에 빠져들 수밖에 없다. 시간에 쫓기는 긴장감과 압박감을 주는 게임이 흔치 않던 시대였다.

특히 게임 내내 플레이어와 대립하는 적, 자파를 물리치는 열쇠였던 그림자 왕자, 자파에게 가는 보이지 않는 길은 정말 인상적이었다. 페르시아의 왕자는 1993년 디즈니의 명작 애니메이션 〈알라딘〉에도 영향을 주었다고 전해진다.

국내에 페르시아의 왕자가 처음 소개되었던 것은 당시 게임들이 그랬듯이 불법 복제를 통해서였다. MS-DOS 버전이 주로 퍼졌으며 디스켓 한 장으로 즐길 수 있었다.

페르시아 왕자가 골방에 갇힌 공주를 찾아내서 구출하기 위해 여러 단계의 방을 통과해야 했다. 나도 드디어 12단계에서 마지막 공주를 구하는 데까지 이르렀다.

세계적으로 유명한 퍼즐 게임 테트리스는 당시 소련의 프로그래머 알렉세이 파지노프가 디자인하고 프로그래밍했다. 그때 테트리스에 빠지지 않은 사람은 없었을 것이다. 사무실 PC에는 한글 타자를 익히는 게임도 있었다. 한메타자라고 아래로 떨어지는 글자를 똑같이 쳐서 점수를 내는 게임이었다. 화면만 보면서 2벌식 자판을 두드려 맞추는 방식으로 실제 타이핑에 많은 도움이 되었다.

고스톱 게임이 치매 예방에 좋다는 이야기도 있지만, 실제로 돈이 오가는 게임을 싫어한다. 돈을 따도 찜찜하고 잃으면 화가 난다. 이기든 지든 둘 다 기분이 안 좋은 게임을 굳이 할 필요가 없다.

그러다 스티브 잡스 덕분에 손 안에 든 컴퓨터나 마찬가지인 스마트폰이 보편화되면서 웹서핑을 비롯해 지도, 게임, 뱅킹 등 모든 것을 핸드폰 하나로 처리했다.

나는 처음에 삼성 갤럭시1로 시작했다. 방송국에서 지원해줄 때 아이폰보다는 우리나라 현실에 맞을 것 같아서 선택했다. 그러다 아들이 쓰던 아이폰을 업그레이드하면서 기존의 아이폰을 내가 쓰게 되었다. 지금은 아이폰X를 쓰고 있다.

처음에는 삼성 갤럭시와 애플 아이폰의 차이로 혼란스러웠지만 두 가지를 모두 써보니 차이를 명확하게 알 수 있었다.

삼성은 감성적인 성격이 강하다면 애플은 직관적이다. 스티브 잡스는 생전 버튼에 대한 공포증으로 단추가 달린 셔츠가 아닌 검정색 폴라 티셔츠만 고집했다. 리모컨도 단순화한 것으로 알려졌다. 동시에 전원이 꺼지는 것을 무척 싫어했는지 전원을 끄기가 어려웠다. 진동으로 하려면 갤럭시는 설정만 바꾸면 되는 데 비해 아이폰은 기계적으로 스위치를 바꿔야 했다. 내가 처음 쓸 때보다 많이 달라지기는 했지만 이런 기조는 그대로 유지되는 듯하다.

스마트 시대에 스마트하게

점점 나이는 들어가고 매일같이 새로운 기기들이 쏟아져 나온다. 젊은이들도 모두 다 익히고 적응하기 버거울 정도다. 새로운 세계에 들어가기가 망설여지는 것은 인지상정이지만 미리 두려워할 필요 없다. 안 된다는 마음, 하고 싶지 않다는 마음을 가지면 뭐든지 어렵다.

나는 덕후가 될 정도로 어느 하나에 빠져드는 성격이 아니다. 열심히 하다가도 어느 정도 궤도에 오르면 새로운 것으로 갈아타는 성향이다. 웬만해서는 중독되지 않지만, 그만큼 프로페셔널한 수준에 이르지도 못한다.

게임머니를 지불하면서까지 하지는 않는다. 좋게 말하면 저비용 고효율을 추구하는 것이다. 롤플레잉, 스포츠 액션, 아케이드 보드게임 등 스마트폰을 통해 다양한 게임을 두루 섭렵했다.

그러나 역시 나에게 어울리는 것은 보드게임이다. 온라인 게임은 보드게임(board game), 롤플레잉 게임(role playing game), 전략 시뮬레이션 게임(strategic simulation game)으로 나눌 수 있다.

바둑, 타자 게임과 같이 개발 과정에서 독특한 아이디어나 막대한 인력과 시간이 필요하지 않는 게임을 보드게임이라고 한다. 최근 포털사이트들은 네티즌들의 관심을 끌고 이탈을 막기 위해 파일 크기가 작고 저렴한 보드게임을 많이 올리고 있다. 기본적으로 무료를 원칙으로 한다.

하루에 몇 시간씩 게임을 하다 보니 손가락이나 손목에 문제가 생기기도 한다. 나이 들어서도 그런 게임을 하느냐는 소리를 듣기도 한다. 스마트폰 게임은 무리하지 않는 범위 내에서 하면 치매 예방에도 좋다. 머리를 써서 정확하게 맞춰야 하니 말이다.

이타적 이기주의?
이기적 이타주의?

대가를 바라는 이타주의는 이기주의보다 더 나쁘다.
조금은 이기적으로, 아무 대가 없이 베풀자.

이기적이면 이기주의고, 이타적이면 이타주의지, 이타적 이기주의는 무엇이며 이기적 이타주의는 또 무엇이냐고 반문할지도 모른다. 말장난으로 들릴지 모르지만 두 가지를 적절하게 섞어야 보편타당하게 살아갈 수 있다.

성선설과 성악설 가운데 어떤 것이 맞느냐를 두고 설전이 오간다. 나는 이기적인가, 이타적인가? 성격 테스트에 관심이 많은 나는 스스로에게 '나는 누구인가'라는 질문을 자주 던진다.

남을 위한 삶, 이타적인 삶은 마음을 흐뭇하게 만든다. 기쁨이 가슴에 충만하고, 의미와 가치 있는 삶이라고 느껴진다. 반면 이기적인 삶은 삭막하고 각박한 분위기를 조성하고 비인간적인 사회를 만든다. 그러므로 이타적인 삶을 살아야 한다는 사회적 분위기가 지배한다.

물론 세상을 밝게 만드는 선한 행동은 이기주의가 아닌 이타적인 사고에서 비롯된다. 그러나 잘못된 이타주의는 너무 많은 스트레스를 주어 이기주의보다 더 많은 부작용을 초래할 수 있다.

이기적인 나, 이타적인 그

자녀를 키울 때도 지나치게 나를 희생하면 문제가 생길 수 있다. 남편은 좀 이타적이다. 사실 그런 점에 끌려서 결혼까지 하게 되었다. 그러나 이타적인 것이 좋지만은 않다는 것을 깨닫는 데 오래 걸리지 않았다. 밥 먹을 때도 남편은 내가 좋아하는 음식을 양보한다. 나는 그저 맛있으면 먹고 입맛에 당기지 않으면 먹지 않는다. 고명딸이어서 더욱 그런가 보다.

그런데 계속 양보하다 보면 자신이 희생했다는 마음이 생기고, 여러 번 이어지면 괜히 섭섭해한다. 눈치 없이 자기가 좋아하는 것을 먹어치우는 내가 얄미운 것이다. 내가 강요하거나 요구한 것도 아닌데, 알아주지 않는다고 섭섭해한다. 그런 일들이 누적되면 별거 아닌 것이 트리거(방아쇠)가 되어 화가 폭발한다. 본인도 그런 좀스러운 일로 화를 내기 뭣하니 다른 핑곗거리를 댄다.

결혼 초기에는 남편이 무슨 일로 마음이 상했는지 모른 채 몇 날 며칠을 전전긍긍했다. 나중에 알고 보니 현관에 내가 신발을 가지런히 벗어놓지 않거나, 음식에 머리카락이 빠졌기 때문이었다. 자기 딴에는 세 번이나 눈감아 주었는데 똑같은 행동을 반복하니 화가 난 것이다.

직접적으로 말하지 않으니 내가 무엇을 잘못했는지 모른다. 더구나 잘못한 횟수를 세고 있었다는 것은 더더욱 의외였다. 나는 원래 성격이 급하고 집에 돌아오자마자 해야 할 일도 많으니 급하게 신발을 벗고 집 안으로 들어선다. 그러다 보면 현관에 아무렇게나 신발이 놓여 있기 일쑤였다. 주로 전업주부들이 남편에게 하는 불만들이었다.

아이들이 어릴 때 숟가락질을 잘 못하면 남편은 아이들에게 떠먹여 주라고 했다. 나는 그래도 열심히 자기가 연습해서 하는 게 독립적으로 키우는 것이며 육아법에 맞는 것이라고 생각했는데 남편은 "어른 돼서 숟가락질 못하는 거 봤냐? 먹여줘." 뭐 이런 식으로 윽박질러대는 것이다.

생선이 식탁에 오르면 남편은 돋보기까지 들고 와서 가시를 모두 발라내고 아이들에게 먹인다. 처음에 나는 뭣 모르고 몸통부터 먹었는데 화를 버럭 내는 것이었다. 그다음부터는 아예 생선을 먹지 않는 것으로 시위를 했다.

너무 이타적이어도 상대방에게 부담을 줄 수 있다. 시댁 식구들은 이타적인 성향이다. 하지만 당사자 앞에서는 칭찬하고, 뒤에서는 험담을 하며 스트레스를 푼다. 나는 그렇게 하는 것이 더 이중적인 느낌이 들어서 싫었다.

남편은 처가에 가면 빨리 집에 가자고 은근히 재촉한다. 나는 천천히 수다도 떨고 식사도 해결하고 싶은데 말이다. 처음에는 처갓집이라 불편해서 그런가 했다. 나중에 알고 보니 어디를 가든 마찬가지였다. 타인들과 같이 있으면 그들을 배려해줘야 한다는 강박이 있는 것 같다. 그러다 보니 너무 쉽게 지쳐서 얼른 집으로 돌아가고 싶은 것이다.

배려도 적당히 해야 스트레스가 쌓이지 않는다. 오직 상대만을 위한 배려가 과연 옳은 것인가 싶다. 그럴 바에야 배려를 하지 않고 스트레스도 받지 않는 것이 낫다. 물론 남을 배려하는 마음이 필요하지만 뭐든 지나치면 모자란 것만 못하다.

인덕이 없다고 느낀다면?

아이들이 어릴 때 오랜 기간 함께했던 파출부 아주머니는 행동도 재빠르고 애교도 많아서 아이들과 재미있게 놀아주었다. 그런데 이분은 늘 자신은 인덕이 없어서 다른 사람들에게 당하고만 산다는 피해의식을 가지고 있었다. 자세히 관찰해본 결과 베풀기보다 이해타산을 따져서 손해를 보지 않는 사람이었다. 그러다 보니 신뢰가 쌓이지 못하는 것이 당연하다. 인덕이 없다고 말하는 사람들은 대체로 자신이 베푼 것은 크게 기억하고 남에게 받은 것은 잘 잊어버리는 성향이 강하다.

나는 인덕이 있든 없든 신경 쓰지 않는다. 누군가를 돕고 싶은 마음이 들면 돕지만, 지나치게 나를 희생해가면서 돕지는 않는다. 돕더라도 대가를 바라지 않고, 도와줬다는 사실도 금세 잊어버린다. 그러다 보니 누군가를 원망하는 마음도 거의 없다. 그 사람의 입장에서 생각하면 도움받은 기억을 계속 간직하는 것도 부담스러울 것이다. 나를 희생했다고 느끼는 순간 자신도 모르는 사이에 보상을 원하는 마음이 싹튼다.

CBS 건강 프로그램 〈웰빙 다이어리〉에서 만난 유명한 정신과 의사 윤대현 교수가 나에게 물었다.

"인생의 목표가 무엇인가요?"

나는 별 생각 없이 대답했다.

"글쎄요. 행복하게 사는 거죠."

사실 행복은 너무 주관적이어서 목표로 삼으면 오히려 삶이 힘들어진다. 윤대현 교수는 자신의 목표가 친절한 의사가 되는 것이었다고 한다. 그런데 친절한 사람으로 상품화하기가 너무 힘들었다는 것이었다. 오히려 스트레스가 쌓이면서 성격도 나빠지는 것 같아 목표를 "그냥 위로하는 사람이 되자"로 바꾸었다고 한다.

그러자 진료 행태가 바뀌었다. 문을 직접 열어주면서 깍듯하게 맞이하지도 않고, 강의도 까칠하게 하는데 오히려 진실하게 느껴진다는 반응이었다. 주변 사람들도 바뀐 그의 모습을 더 좋아했다. 친절을 버리니 자신은 더 행복해졌다고 한다.

친절한 의사라는 목표를 이루기 어려웠던 이유는 너무 추상적이기 때문이다. 지나친 이타주의가 스트레스를 준 것이다. 조금은 이기적으로 행동하자 오히려 주위의 평판이 더 좋아졌다.

다른 사람을 용서하는 것도 알고 보면 나의 평안과 안정을 위해서이다. 우리 아이들이 미국 웨스트버지니아의 조그만 기독교 학교 오하이오 밸리 칼리지(OVC, Ohio Valley College)에 들어갔을 때 내가 경험한 것은 미국이란 나라가 처음 시작할 때의 청교도 정신이었다.

내가 누군가에게 자선을 베풀면 상대방이 나를 알아주고 은혜를 갚아야 한다고 생각한다. 그런데 청교도 정신에서 실천하는 삶은 다르다. 그 사람에게 직접 받으려고 하지 않는다. 내가 도움을 준 사람이 또 다른 사람에게 베푸는 것이 곧 자선이라고 생각한다.

완벽을 추구하면 끝이 없다. "나이가 들면서 내가 한평생 찾던 것을 발견했다. 바로 나 자신이다." 미국의 작가 앤 라모트의 말이다.

나 자신을 찾아가면서 조금 이기적인 목표를 가지고 인생 2막을 살고 있다. 내가 너무 힘들지 않도록 말이다.

혼자서도
잘 놀자

스트레스가 쌓일 때 아무 생각 없이
멍때리는 시간을 가져라.

인간은 사회적 동물이다. 사람들과 섞이고 경쟁하고 어우러지면서 살아가는 존재다. 그러나 엄마의 배 속에서 나올 때도 혼자였고, 저세상으로 갈 때도 혼자이다. 예쁜 액세서리를 좋아하던 이모가 돌아가시고 그 집에 가봤을 때, 이 많은 물건들을 남기고 어떻게 혼자 가셨을까 하는 생각이 문득 들었다.

나이가 들수록 주변의 사람들이 하나둘 떠나간다. 내 어머니도 늘 만나 어울리던 친구들이 모두 떠나고 한 분만 남았었다. 그분은 거동이 힘들어서 만나지도 못하고 전화 통화만 겨우 했는데 결국 어머니가 먼저 떠나셨다. 어릴 때는 가족이 인간관계의 전부이다가 점점 친구와 동료들과 어울린다. 사회생활을 하면서 더욱 많은 사람들을 만나다가 나이가 들면 조금씩 줄어들고 결국 혼자 남는다.

혼자라서 즐거운 이유

어릴 때 내성적이고 친구들과 어울리기보다 사색을 좋아했던 나는 스스로 혼자임을 많이 자각했던 것 같다. 1녀 3남의 장녀로 첫아이가 아들이기를 바랐던 아버지에게 인정받아야 한다는 강박이 있었다.

어릴 때도 시장에 가는 엄마를 따라나서지 않았다. 되레 동생들을 데려가라고 하고 집에 혼자 남아서 놀았다. 나보다 어린 동생들을 돌봐야 한다는 부담감이 있었는지 혼자 있는 시간이 더 편했다.

패션에 관심을 가지기 시작할 때는 친구와 함께 쇼핑을 해야 마음이 놓였다. 나 혼자서는 나한테 잘 어울리는 것이 무엇인지 알 수가 없었다. 그러나 나에게 잘 어울리는 것이 무엇인지를 알게 되면서 나 혼자 쇼핑하는 것이 좋았다.

누군가와 함께 가면 상대에게 맞춰야 한다는 강박이 있었다. 엄청나게 발품을 팔고도 마음에 드는 것을 찾지 못할 때가 있다. 그럴 때 친구나 동료들과 함께 가면 내 마음대로 쇼핑을 하지 못한다. 내 즐거움을 위해 쇼핑하려면 혼자 가는 것이 낫다. 처음에는 허둥대기도 하고, 점원의 감언이설에 넘어가 어울리지도 않는 물건을 사기도 했다. 그러나 몇 번의 시행착오를 거친 다음에는 혼자 즐거운 쇼핑을 할 수 있었다.

혼자 살아보기

1995년 광주로 발령이 나면서 아직까지는 생애 처음이자 마지막으로 8개월간 혼자 살아보았다. 나는 집 안에 가만히 있으면 늘어지고 무기력해지는 편이다. 반대로 남편은 바깥에 나가거나 사람들과 어울리면 오히려 스트레스를 받는다.

성격 유형 테스트인 MBTI를 받아본 결과 남편과 나는 반대 성향을 가지고 있었다. 남편은 내향성(Introvert), 통찰력(Intuitive), 사고력(Thinking), 판단력(Judging)을 가진 INTJ 유형이었다. 반면 나는 외향성(Extrovert), 감지력(Sensing), 사고력(Thinking), 판단력(Judging)이 우세한 ESTJ 유형이었다. 나는 바깥으로 나가야 에너지를 얻고, 남편은 혼자 자신의 세계에서 에너지를 충전한다.

성향이 다른 우리는 함께 외출하면 기분이 상할 때가 더 많았다. 집에 있는 것을 좋아하는 남편 때문에 항상 일찍 들어와야 한다는 강박에 시달렸다. 모임을 가지더라도 일이 있거나 다른 약속이 있다는 핑계를 대고 일찍 돌아오면 남편은 불을 환하게 켜놓고 뚱하게 앉아 있었다. 그 모습을 보면 마음이 불편해서 편하게 저녁 약속을 잡지 못했다. 결국 외향적인 내가 집과 직장을 벗어나지 않는 생활을 했다.

광주에서는 오롯이 24시간 나만의 자유를 만끽했다. 아이들도 어렸고 힘든 때도 많았지만 '피할 수 없으면 즐겨라'는 것이 내 생활신조다. 걱정한다고 해결될 문제가 아니라면 마음을 털어버리는 것이 정신 건강과 육체 건강에 도움이 된다. 마음이 맞는 친구와 함께 영화와 공연을 보기도 하고, 여의치 않을 때는 혼자 즐겼다.

1970년대는 프랑스 영화가 내 마음을 사로잡았다. 때로는 〈돌아온 핑크팬더〉 유형의 코미디 영화를 보면서 혼자 유쾌하게 웃는 것도 나쁘지 않았다.

남편과는 문화생활에서 취향이 너무 다르다. 남편은 화면에 총알이 빗발치는 전쟁 영화나 선악의 대비가 극명하게 드러나는 영화를 좋아한다. 나는 피가 난무하는 영화를 기피한다. 한번은 〈라이언 일병 구하기〉를 남편과 함께 보러 갔다. 당시 획기적이었던 핸드헬드 카메라로 찍은 화면은 생동감 그 자체였다. 바로 눈앞에서 포화가 일어나고 살이 터지고 피가 뿜어 나오면서 내장이 쏟아진 채 죽어가는 군인들의 모습을 보고 거의 기절할 뻔했다.

초등학교 6학년 때인가? 명성황후 역에 최은희, 홍선대원군 역에 김승호, 고종 역에 남궁원, 가상의 인물로 민비의 수호천사인 조승구 역에 박노식이 출연했던 〈청일전쟁과 여걸 민비〉를 보고 나서 몇 달 동안 화장실에 가기가 무서웠다. 마지막 장면에 일본군이 조승구가 숨어 있는 들판인지 갈대숲에 불을 놓았다. 불에 타 죽어가는 그의 손이 화면 가득 펼쳐졌고, 민비가 준 반지가 클로즈업되었다. 얼마나 강렬하고 무서웠던지 50년 전에 본 영화인데도 스토리와 장면이 생생하게 기억난다. 그 후로 박노식이 출연하는 영화는 아예 안 볼 정도였다.

나는 주로 로맨틱 코미디나 로맨스, 멜로 영화를 좋아한다. 남편과는 극명하게 다른 취향 때문에 어떤 때는 멀티 영화관에 같이 가서 각자 좋아하는 영화를 보고 다시 만난 적도 있다. 혼자 영화를 보면 더 집중해서 깊이 있게 감상할 수 있어서 좋다.

나만의 마음 정리 기술

우울하거나 일이 잘 풀리지 않을 때 나는 집을 나서서 걷는다. 산책길을 걷기도 하지만 윈도쇼핑을 하기도 한다. 걷다 보면 생각이 정리되거나 새로운 아이디어가 떠오른다. 물론 지인을 만나 수다를 떨면서 풀기도 하지만 시간과 장소를 맞추는 것 자체가 스트레스일 때도 있다. 아주 많이 힘들고 어려운 일에 부딪혔을 때는 버스를 타고 종점까지 갔다가 돌아온 적도 있다.

나는 하늘을 자주 올려다보는 편이다. 글을 쓸 때도 우리 집 식탁에 자리를 잡고 구름과 하늘과 강물과 다리를 본다. 가끔씩 지나가는 기차를 바라보면 힐링이 된다.

낮에 붐비지 않는 버스를 타고 가면서 차창 밖으로 멍하니 하늘과 구름을 본다. '닥터 U와 함께 몸맘삶 훈련'의 유태우 원장이 권하는 스트레스 해소 방법 중에 하나가 멍때리기다. 이것도 연습이 필요한데, 무념무상의 상태를 경험하는 것이다.

세계지도가 되기도 하고 양떼가 뛰어다니거나 호수가 되기도 하는 구름을 보면 잡념들이 정리되곤 한다. 어릴 때는 하늘을 자주 보았다. 하지만 나이가 들수록 하늘보다는 아래를 더 많이 쳐다보게 된다. 돌부리나 낮은 턱에도 쉽게 넘어졌기 때문이었다.

버스를 타고 가면 넘어질 걱정 없이 하늘을 쳐다볼 수 있다. 종점까지 갔다가 다시 돌아오기까지 1시간 30분의 여행이 나를 평온하게 만든다.

날이 흐리면 흐린 대로 맑으면 맑은 대로 하늘은 나에게 무한한 상상력과 힐링을 준다. 그래서 앞뒤가 탁 트이고 경치가 보이는 집을 1순위로 선택했다. 지금의 집은 88올림픽대로변이어서 창문을 열어놓으면 소음이 심하지만 탁 트인 풍광이 숨통을 틔워준다.

저마다 취향이 다르고, 취미와 좋아하는 장르가 따로 있다. 다른 것을 틀린 것으로 몰아붙이지 말고 있는 그대로 받아들일 때 진정한 행복을 느낄 수 있다. 나이가 들수록 지인들이 하나둘 세상을 떠난다. 그래서 더욱 혼자서도 잘 놀 줄 알아야 한다.

내가 줄 수 있는 것을 나누자

나눔도 학습이자 습관이다.
작은 것이라도 지금부터 실천해보자.

방송사에서 매일 매일 하나의 완성된 제품을 만들어내느라 정신 없던 시절에는 옆을 돌아볼 여유가 정말 없었다. 집안일과 직장 일을 다 하다보니 24시간이 다 근무시간인 듯했던 적이 많았다.

나눔은 쉽게 생각하면 한없이 쉽고, 어렵게 생각하면 또 한없이 실천하기 어렵다. 많이 가진 사람보다 적게 가진 사람이 나눔을 실천할 때 더욱 존경스럽다. 내가 가진 것을 나누고 베풀면 기쁨이 온다. 슬픔을 나누면 반이 되고 기쁨을 나누면 배가 된다. 재물이나 지혜를 나누는 기쁨도, 마음을 나누는 사랑의 기쁨도 행복을 부르는 마력을 지녔다.

누군가와 함께 나누는 것은 좋은 일이다. 주는 사람은 상대가 기뻐하는 모습을 상상하며 준비하는 과정에서 행복을 느끼고, 받는 사람은 주는 사람의 정성을 생각하며 고마움을 느낀다.

나를 위한 나눔

남을 기쁘게 하기 위해서 나누는 것이 아니라 나 자신을 위해서 하는 것이라고 생각한다. 나는 소박하게 내가 가진 것을 나누는 재능 기부나 재능 나눔부터 하고 싶었다.

그래서 가장 하고 싶었던 것이 맹인들을 위한 낭독 봉사였다. 내가 부담스러운 것부터 시작하는 일이 힘들다면 내가 잘할 수 있는 일 가운데 다른 사람에게 도움이 될만한 것이 무엇일까 생각하다가 자연스럽게 낭독 봉사를 선택했다.

강서점자도서관에서 자원봉사자를 모집한다는 공고를 보고 지원했다. 아나운서를 했으니 읽는 것은 자신 있었다. 그러나 각 분야마다 나름의 규칙과 방법이 있다.

맹인들을 위한 낭독을 하려면 일정한 교육을 받아야 한다. 눈이 보이지 않으면 일상생활에서 가장 힘든 일이 무엇인지 알기 위해 1일 맹인 체험도 한다. 그리고 연습 도서를 한 권 정도 읽고 녹음한 것으로 평가를 받은 다음 낭독 도서를 배정받는다.

점자도서관마다 개별적으로 활동하는 것이 아니다. 중앙점자도서관에 일률적으로 신청해서 배정받으면 내 목소리로 녹음된 점자도

서가 전국적으로 하나만 존재하는 시스템이다.

나이가 들어 인생 2막을 시작하려면 괜히 주눅 들기 마련이다. 세상의 주류에서 밀려난 기분이 들 수도 있다. 반대로 지금까지 바쁘게 살아온 것에 대한 보상이라도 받으려는 듯 새로운 인생을 살 수 있다는 기대감도 있다.

이근후 교수의 《오늘은 내 인생의 가장 젊은 날입니다》에는 65세 이후 시니어 카드를 발급받고 소회를 쓴 대목이 나온다.

"나눠 줄 것이 있으면 나누면 되고, 도움받을 것이 있다면 도움을 받으면 됩니다. 여전히 해보고 싶은 것들이 많습니다. 정년이 되었다고 바로 이전과 다른 사람이 되는 것도 아닐 테니까요. 이제는 시간이 넉넉합니다. 그동안 바빠서 못 했던 것을 해볼 기회가 왔으니 이런 생각을 해보면 좋을 것입니다."

나처럼 자신이 가장 잘할 수 있는 일을 통해 나눔을 실천할 수도 있다. 나눔이라고 해서 너무 거창하게 생각하지 않아도 된다. 내가 가진 재능이든, 적은 금액의 돈이든, 필요한 곳에 나눠 주면 그것이 바로 나눔이다.

미국은 공항이나 공공기관에서 친절하게 안내를 해주는 시니어들을 많이 만날 수 있다. 그분들은 편안하고 기분 좋게 도움을 준다. 고령화 시대에 노인들은 부양 대상자가 아니다. 평생 해온 일들과 관련해서 사회에 기여하고 도움이 될 수 있는 일들을 찾아서 실천해보자.

나눔도 습관이다

100세 시대에 젊은 세대가 노인들의 부양을 책임져야 한다면 너무나 큰 짐을 지우는 것이다. 젊은이들에게 도움이 될 만한 값진 것들을 나눠보자. 내가 가진 재능이든 경험이든 상관없다. 성공의 경험이든 실패의 경험이든 누군가에게는 소중한 지식이 되고 타산지석으로 삼을 수 있다.

요즘 우리나라에서도 지하철 도우미들 가운데 시니어들을 많이 볼 수 있다. 단순하게 돈을 번다기보다 내가 가진 것을 나눠 준다는 사고방식이 필요하다.

세상이 각박하다지만 희망의 씨앗을 심어주는 이들도 많다. 검소한 생활을 하며 어렵게 번 돈으로 학생들에게 장학금을 쾌척하는 김밥 할머니의 주름진 손은 감동을 준다.

'나눔의 아이콘' 하면 미국의 자선 사업가이자 세계 최고의 석유왕인 존 록펠러가 떠오른다. 그는 어린 시절부터 어머니로부터 근검절약하는 정신과 용돈의 10%는 반드시 이웃에 되돌려주는 기부 정신을 배웠고 실천했다.

다산 정약용 선생이 쓴 <유배지에서 보낸 편지>에는 "남의 도움을 바라지 말고 도와줘라"는 대목이 있다. 본인은 온갖 고초를 겪으면서도 자녀들에게 나보다 가난한 이웃을 보살피고 도와주라는 당부의 말을 거듭했다.

지금까지 하지 못했다 하더라도 괜찮다. 지금이라도 시작하면 된다. 나야말로 자선이나 나눔을 먼 나라 이야기로 여겼던 사람이다.

하지만 지금은 작은 도움이라도 주고자 소액이라도 기부를 실천하고 있다.

작은 것이라도 나누면 내가 즐겁고 힘이 된다. 비싸고 좋은 물건을 주고받아야 기쁜 것이 아니다. 따뜻한 말 한마디가 힘을 주고, 상대를 위해 차린 소박한 한 끼가 평생 잊지 못할 위로가 된다.

배움이 즐거운 나이

체력이 될 때까지 계속 배우자.
배움은 젊음과 활력을 유지하는 비결이다.

예나 지금이나 아이들은 어릴 때부터 공부하라는 말을 듣고 자란다. "공부 2시간 하면 컴퓨터 2시간 하게 해줄게", "오늘 공부를 다 마치면 놀이공원에 가자", 요즘 엄마들은 공부를 가지고 협상을 한다.

내가 어릴 때는 공부를 하면 어떤 보상을 해준다는 말을 들어본 기억이 없다. 그저 엄마를 기쁘게 해주기 위해, 또는 좋은 성적을 받고 싶어서 열심히 공부했다.

'닥터 U와 함께 몸맘삶 훈련'의 유태우 원장은 공부는 보상받기 위해서 하는 것이라는 개념부터 바꿔야 한다고 주장한다. 자신이 뭔가 궁금하고 하고 싶어서 할 수 있도록 유도해야 한다는데, 맞는 말이지만 그게 쉽지 않다.

나는 돈이 많은 부자나 지위가 높은 사람들을 부러워하지 않는다. 그들이 그것을 지키기 위해서 얼마나 머리를 쓰고 노력을 해야 하는지 잘 알고 있기 때문에 더욱 그렇다. 내가 정말 부러워하는 사람은 학문의 경지가 넓고 깊고 높은 사람, 그러면서 겸손하고 호기심이 많으며, 무언가 연구하고 알아가는 재미에 푹 빠진 사람들이다.

공부가 즐거운 이유

공부의 본래 한자는 '功扶'였다. 한자 그대로 풀이하면, '공(功)'은 '성취하다', '부(扶)'는 '돕는다'는 뜻으로 무엇을 도와 성취한다는 의미다. 그 뜻과 형태가 축약되어 현재 '工夫'로 사용되고 있다.

일본어에서 공부(工夫)는 무엇을 요리조리 궁리하는 것, 즉 수단과 방법을 강구하는 것을 뜻한다. 현대 중국어에서는 기술자가 자기 분야에서 탁월한 기술을 발휘할 때 '공부가 대단하다'고 말한다.

공부를 잘하는 사람들의 특징을 살펴보면 과학적 원리나 구조, 또는 주위에서 일어나는 현상들에 대해 궁금한 것들의 원리를 캐고 밝혀내는 과정을 재미로 파고든다.

두 아이의 엄마이자 방송인으로 하루 24시간도 모자라 옆을 돌아볼 여유조차 없었다. 호기심이 누구보다 왕성했던 나는 두 가지 일을 병행하느라 무언가를 연구하고 파고들 힘과 시간이 없었다.

지금 생각해보면 50대에 아이들이 미국으로 유학을 떠나고 우리 부부만 남았을 때 시작했어야 했다. 그런데 그 시절의 여유를 그냥 흘려보내다 갱년기를 맞으면서 몸도 쇠약해졌다.

정년퇴직을 하기 전에 이미 시작했으면 퇴직 후 어쩌면 지금과는 또 다른 세계가 열렸을지도 모른다. 그러나 인생은 되돌아보고 후회해 봤자 이미 돌이킬 수 없지 않은가? 나는 공부하는 것을 안 좋아한다고 나를 규정했었다.

무엇인가 배우는 것을 시작해도 처음부터 정열적으로 들어붙는 타입도 아니다. 3월에 학기가 시작되면 보통 아이들은 예쁜 공책과 필기도구를 사고 계획표를 짠다. 그러다 몇 달이 지나면서 약간 나태해진다. 반면에 나는 6월쯤 되어야 열심히 하는 성격이다. 조금 늦게 발동이 걸리기는 하지만 오래 유지하는 편이다.

아이들 유학 비용을 대느라 헉헉대면서 경제적으로도 어려웠다. 매일 정해진 시간에 방송을 송출하기 위해서는 섭외와 편집 등 해야 할 일이 너무 많았다. 주로 집에서 일하는 데다 거의 외출하지 않는 집돌이 남편은 항상 저녁은 같이 먹어야 한다는 지론이다. 그런 남편 눈치까지 보느라 야간대학원이라도 용기를 내지 못한 것도 사실이다.

배움의 열정이 넘치는 것도 아니어서 "나는 공부하고는 안 맞아. 나는 공부를 싫어해!"라며 애써 외면했다. 언론이나 홍보, 행정 분야의 대학원에 진학할 기회도 있었지만 시간도 돈도 없다며 아예 거들떠보지도 않았다.

정년퇴직을 하고 시간이 널널해지면서 '내 인생은 무엇인가? 삶은 무엇이 행복인가?' 이런 회의와 생각 속 빠졌다. 사실 나이가 들면 뭔가 인생에서 확실한 것이 보일 것이라는 막연한 기대를 가졌다. 그러나 나이가 들어서도 물음표는 계속 이어지며 느낌표로 바뀌지 않는다는 사실을 절절하게 깨달았다. 그러면서 일상의 소소한 것들이 사람 행복의 중요한 기준점이라는 것을 깨달았다. 아무리 돈이 많고 학문이 높고 지위가 있어도 소소한 일상의 행복을 찾지 못하면 사는 것 자체가 재미가 없다.

그래서 시작한 것이 배우는 것이다. 그냥 말로 공부라는 부담에 어렸을 때 싫어했는데…… 정년퇴직 후에 팟캐스트 방송을 하고 있을 즈음, 선배의 권유로 고려대 로스쿨 최고위과정에 덜컥 등록했다. 물론 정식 석사나 박사 과정은 아니다. 40명가량 되는 동기생들의 친목 모임에 가까워 시험을 치러야 하는 부담도 없었다. 나는 맨 앞줄에 앉아 강의를 들었다. 그때 무언가를 배운다는 것이 즐거운 일임을 뒤늦게 깨우치고 있다. 무언가를 알아가는 과정이 이렇게 재미있을 수 없었다.

물론 나이 들어서는 배우면 배우는 대로 금방 까먹는다. 젊었을 때처럼 총기가 초롱초롱해서 외우는 것을 다 내 것으로 할 수 있는 나이는 아니다. 그러나 뭐 내가 잊어버렸다고 누가 뭐라 할 사람도 없고 시험을 보는 것도 아니지 않는가?

특강 스타일의 강의가 귀에 쏙쏙 들어오고 항상 강사랑 아이컨택을 하고 고개를 끄덕이며 결석도 안 하고 열심히 배웠다. 배우는 것에 다시 눈이 떠졌다고나 할까? 그러면서 내가 방송 일을 하면서 알게 되는 사람들과의 관계 뿐 아니라 점점 더 인간관계도 확장되어 갔다.

잘할 필요 없다

방송국에 다닐 때는 5시에 일어나 나갈 채비를 하고, 6시부터 목동청소년수련관에서 수영과 체조를 1시간 한 다음 샤워를 마치고 출근했다. 회사를 그만두고 운동 시간을 1시간 늦춰봤다. 그런데 1시간 늦췄을 뿐인데 훨씬 더 긴장이 풀어지고, 새벽 운동 이후에 다른 일을 하기가 애매했다. 1시간을 늦춰도 비슷한 시간에 눈이 떠졌으며 그렇다고 뭔가 활용하는 것도 아닌 애매한, 죽어버리는 시간이 되었다.

특히 나 같은 새벽형 인간은 더욱 그랬다. 이불 속에서 뭉그적거리면 오히려 활력이 떨어졌다. 해야 할 일이 없어졌다고 해서 갑자기 리듬을 바꾸면 오히려 건강에도 좋지 않다. 수면 전문의도 잠자리에 드는 시간은 들쭉날쭉해도 일어나는 시간은 일정해야 건강에 도움이 된다고 조언한다.

나이가 들수록 자신과의 싸움에서 승리해야 한다. 출근하지 않는다고 해서 늘어지거나 나태해지면 생활 리듬이 깨져 몸이 더 피곤하다. 낮에 피곤하면 잠깐 눈을 붙이는 것이 낫다. 아침 시간을 낭비하지 않으니 낮에 무언가를 배울 시간이 생겼다.

끝없는 배움의 열정

항상 열등감을 느끼게 하는 것 중에 하나가 노래 실력이다. 남편과는 음악적 취향도 다르다. 가요무대 같은 프로그램의 구성작가를 한 적도 있는 남편은 트로트를 좋아한다. 노래를 들으면 반드시 평을 했고, 한번 꽂힌 노래는 수백 번씩 듣는다. 반면 나는 다양한 음악 프로그램을 했지만 올드팝이나 포크 가요를 좋아한다.

나는 노래 교실에서 트로트를 배워 노래방에 가서 분위기를 띄워 보고도 싶었고, 트로트 장르에 대해 알고 싶기도 했다. 그렇다고 지금 가수로 뛰어들 것도 아닌데 비싼 비용을 치르며 배울 필요는 없었다. 적당한 학원을 검색해본 끝에 강서구 평생학습관 프로그램으로 노래교실을 선택했다.

맛깔스러운 노래는 도대체 어떻게 부르는 것일까? 노래교실은 내가 지금까지 경험하지 못했던 전업주부나 할머니들의 취미 생활을 엿볼 수 있는 기회였다. 그녀들은 매우 재미있게 여가 생활을 하고 있었다. 그 후로도 라인댄스, 건강 피트니스, SNPE체형교정 운동 등을 배웠다.

앞으로 배워야 할 것들이 너무 많다. 몇 번 쳐보지 못한 볼링도 제대로 배우고 싶다. 포켓볼과 당구도 배우고 싶은 종목이다. 악기 중에는 어릴 때부터 피아노를 치고 싶었다.

아마도 배움은 죽을 때까지 멈추지 않을 것이다. 치매 예방을 위해서는 다른 나라 언어를 배우는 것도 좋다고 한다. 일단 중국어에 도전했고, 스페인어도 배우고 싶다.

잘해야 한다는 강박에 시달리지 않는다. 지금 배워서 전문가가 될 것도 아니다. 엄청난 기술을 마스터하기는 힘들다. 그저 관심 있는 분야를 조금 깊이 알아갈 뿐이다. 이 나이에 배워서 뭐 하나 하는 생각도 들 것이다. 하지만 100세 시대에 지금 시작해도 30년 이상도 할 수 있다. 10년만 해도 그 분야의 전문가가 된다고 하지 않던가.

너무 뜨겁지도, 차갑지도 않게

'절대'라는 말도 절대적인 것은 아니다.
언젠가는 변하기 마련이다.

젊었을 때는 뭐든 음식은 뜨겁거나 차가워야 맛이 있다고 생각했다. 우리나라에 커피가 지금처럼 흔하지 않던 시절 지옥불보다 뜨거우며 써야 하며 악마의 유혹으로 마신다는 이야기를 하면서 커피를 마시는 일이 마치 문화생활처럼 느껴지기도 했었다.

뜨거운 것을 잘 먹으면 처복이 있다. 남편 복이 있다 등등의 이야기가 있다. 난 뜨겁지 않고 미지근 직직한 것을 싫어해서 뜨거운 것을 혓바닥이나 입천장을 데면서도 먹었다. 커피도 아예 뜨겁거나 아니면 얼음이 들어간 것으로 마셨다.

커피는 문화다

한국에 커피가 처음 들어온 시기는 언제일까? 정확한 연도는 확실히는 모른다. 1830년대에 많이 들어왔던 프랑스 신부들이 마셨을 것이라고 추측하기도 하지만, 기록된 바는 없다.

커피의 전래 시기는 19세기 후반, 1890년 사이로 보는 것이 가장 설득력 있다. 구한말 청나라를 통해 서양문물이 들어오면서 외국인들의 왕래가 늘어났고, 특히 임오군란(1882년) 이후 미국, 영국 등 서양의 외교사절이 들어오면서 커피가 보급되기 시작했다.

서양 외교관들은 조선 왕실과 귀족들의 마음을 사로잡기 위해 커피를 진상했다. 커피의 향과 카페인은 왕족들과 대신들을 매혹시켰고, 곧 기호품으로 자리 잡을 수 있었다. 최초의 한국인 커피 애호가는 단연 고종(高宗)황제인 것으로 전해진다. 고종은 1895년 을미사변 당시 피신해 있던 러시아 공사관에서 커피를 처음 맛보게 되었다. 그 맛을 보고 고종이 매우 커피를 즐겼고 커피에 조금 씩 독을 타서 독살했다는 설도 있다.

커피가 본격적으로 보급된 것은 한국전쟁이 끝나고 미군이 주둔할 때였다. 미군부대에서 흘러나오는 커피, 특히 값싼 인스턴트커피가 대량으로 보급되었다. 1967년 보건사회부 통계에 따르면 전국에 3,600여 개의 다방이 성업 중이었다. 당시 유통되던 커피는 연간 420여 톤, 약 340만 달러로 잠정 집계되었다.

당시에 커피는 수입 금지 품목이었으므로 유통되는 커피는 대부분 부정 유출된 것이었다. 미제 보따리 장수 아주머니들이 가지고 다니던 초이스 커피는 엄청 고급스럽게 느껴졌다.

1968년에 커피가 제한 승인 품목으로 바뀌었으나, 관세가 높아 호텔 등에서 원두를 조금 수입하는 것으로 한정되었다. 1960년대까지만 해도 커피는 손님에게 대접하는 귀한 음료였다.

커피가 그야말로 숭늉 대신으로 마시는 보편 음료가 된 것은 1970년대다. 동서식품이 1970년 국내 최초로 인스턴트커피 생산에 성공, 커피 가격을 획기적으로 낮췄다. 다방이 전국적으로 많아지면서 당연히 커피는 대중적이 되었다. 1990년대 초반에는 원두를 분쇄한 커피가루를 여과지에 넣고 뜨거운 물로 걸러낸 드립식 커피, 즉 원두커피가 큰 인기였다. 강남 아줌마들은 이런 원두커피를 마시는 게 하나의 신분 과시용이기도 했다.

1999년 7월 스타벅스가 서울 이대점을 시작으로 돌풍을 일으킨 이래 커피빈, 시애틀 베스트 커피, 네스카페, 세가프레도, 글로리아진스, 자바 등의 외국계 테이크아웃 브랜드들이 한국 시장에 뛰어들었다. 한국 브랜드들도 이에 질세라 테이크아웃 커피 사업을 시작하고 매장 수를 늘렸다. 거리를 걷다 보면 한두 집 건너 하나는 카페일 정도다.

아이스커피를 위한 변명

나는 뜨거운 것을 너무 좋아해서 오히려 뜨거운 커피를 마시지 않는다. 왜냐하면 처음에는 뜨거워도 금세 식어버리기 때문이다. 국이든 찌개든 아주 뜨겁게 해서 먹는다.

마지막 한 모금까지 뜨겁게 마실 수 없을 바에는 차라리 아이스커피를 마신다. 얼음을 그냥 입에 넣고 사탕처럼 먹는 것을 좋아한다. 차라리 실온의 물은 괜찮지만, 뜨거웠다가 식은 것을 싫어한다. 얼음을 넣은 차가운 커피는 원래 온도가 계속 유지되니 괜찮다.

요즘은 아이디어 상품으로 USB로 꽂아놓으면 온도가 유지되는 커피잔도 나온다. 필요는 발명의 어머니라고, 나 같은 사람이 그런 아이디어를 낸 것인지도 모른다. 그러나 내구성이 좋지 않아 금방 망가진다고 한다.

그러고 보면 일상생활에서도 뜨겁거나 차가워야지 미지근한 것을 못 견딘다. 혓바닥이나 입천장이 데어가면서 뜨거운 것을 맛있게 먹으면 남편과 아이들은 도무지 이해할 수 없다고 말한다. 반면 남편은 뜨거운 것을 잘 못 먹는다.

미지근함을 받아들이기까지

그러나 이러한 나의 취향도 나이가 들면서 조금씩 바뀌고 있다. 너무 차가운 것을 먹으면 이가 시리다. 나는 얼음이 들어간 음료보다는 얼음 자체를 즐기는 편이다. 더우면 냉동실에서 얼음을 꺼내 깨물어 먹기도 했는데, 나이가 드니 그럴 수 없다.

우리나라 전통의학에서는 음양수라고 해서 찬물과 더운물을 섞어서 금방 회오리가 생길 때 마시면 좋다는 말도 있다. 나는 워낙 물을 많이 마시는 편이다. 예전에는 찬물 아니면 뜨거운 물을 마셨지만 지금은 건강을 생각해서 상온 정도의 물을 마신다.

'절대 못 해', '꼭 하고 말 거야', 둘 중 어느 쪽도 아니어서 출세를 못 했는지도 모른다. 하지만 남보다 오래 직장생활도 했고, 비교적 평안하게 살고 있다고 자부한다. 아직도 나는 '절대 안 해'라든가 '절대 못 해'라는 말은 하지 않는다.

뜨겁거나 아니면 차갑거나, 둘 중 하나를 선택하는 것이 오히려 인생에서는 어려움을 자초하는지 모른다. 중용을 지키는 것이 결코 쉬운 일이 아니다. 나이가 들수록 균형을 맞추는 것이 중요하다. 내 몸의 균형을 잘 맞춰야 건강하듯이 말이다.

멋지게 살다
멋지게 죽자

멋지게 살다 멋지게 죽으려면
늘 새로운 것을 추구해야 한다.

나답게 나의 색깔대로 산다는 것이 과연 무엇일까? 나는 왜 이렇게 살고 있나? 남들은 다 행복하게 잘 사는 것 같은데 왜 나만 이럴까? 이런 질문을 거의 매일 했다.

드라마의 상투적인 대사가 떠오른다. 마음이 변한 주인공한테 상대가 말한다. "너답지 않게 왜 이래?" 그러면 상대가 대꾸한다. "나다운 게 뭔데?"

나다운 것을 찾아서

'남들이 나를 어떻게 보는가?' '남들은 어떻게 사는가?' '남들은 무엇을 먹고 무엇을 입고 어디서 사는가?' 남들의 생활에 신경 쓰는 사람들이 많다.

남편은 남들의 시선을 매우 중요한 잣대로 여긴다. 더불어 사는 세상에선 남들과 전혀 비교하지 않을 수도 없다. 내가 조금 야한 옷을 입거나 뭔가 맘에 안 드는 행동을 했을 때 남편은 "남들이 보면 뭐라고 하겠어"라고 말한다.

나는 차라리 "그 옷차림 맘에 안 들어"라고 솔직히 말하기를 바란다. 굳이 남들의 시선을 들먹일 필요 없다. 반감이 생긴 나는 이렇게 받아친다.

"남들이 뭐라고 하든 무슨 상관이야. 내가 좋으면 됐지. 이렇게 입는다고 피해를 주는 것도 아닌데."

남들의 시선보다는 나의 행복이 더 중요하다.

조금 모자란 행복의 기준

행복을 느끼는 기준은 시대마다 다르지만 고대 그리스 철학자 플라톤이 얘기하는 행복한 삶의 기준은 다음과 같다.

"첫째, 하고 싶은 수준보다 조금 못다 쓰고, 못다 입으며, 못다 사는 정도의 재산. 둘째, 사람들이 칭찬하기에는 약간 모자란 성품과 용모의 아내. 셋째, 자만하고 있는 것의 절반밖에 알아주지 않는 명예. 넷째, 두 사람한테 이기고 한 사람한테 지는 정도의 체력. 다섯째, 청중의 반수만이 손뼉을 치는 웅변 실력."

이 정도로 충분히 행복을 느낄 수 있다는 뜻이다. 적당히 모자란 재력과 재능을 지니고 열심히 사는 것이 플라톤이 말하는 행복의 기준이다.

플라톤이 말하는 행복은 동양의 중용과 크게 다르지 않다. 그리 모나지 않는 중간의 삶이다. 하지만 지금 시대에 그런 삶이 과연 행복할까? 마음을 채우지 못한 재산, 부족한 품성, 모자란 명예, 부족한 체력, 부족한 호응도에 행복을 느끼는 사람이 과연 몇이나 될까.

행복을 느끼지 못하는 것은 시대 분위기 때문이 아니라 각자 마음의 기준이 다르기 때문이다. 우물 속의 물도 얼마나 차 있는가에 따라 중간 지점이 달라지듯이 내가 행복을 느끼는 기준을 어디에 두느냐에 따라 삶의 질이 결정된다. 모자란 기준을 어디에 두느냐에 따라 행복과 불행이 나뉘는 것이다.

배가 부를 때까지 먹기보다는 조금 더 먹고 싶을 때 숟가락을 내려놓아야 먹는 즐거움을 느낄 수 있다. 행복에 대한 갈증은 그 기준이 올라갈 때 느낀다. 욕심을 부리면 안 된다는 뜻이 아니라 때로는 절제하는 자족(自足)이 필요하다는 뜻이다.

나이 들어서도 멋지게 살려면

잘 산다는 기준도 이와 비슷하다. 심리검사 MBTI, 애니어그램, 운명철학, 토정비결까지 섭렵하면서 나답게 산다는 것이 무엇일까, 잘 산다는 것은 무엇일까, 많은 고민을 했다. 결론은 내 색깔대로 편안하고 즐겁게 사는 것이다. 운전면허를 따더라도 운전대를 잡지 않으면 아무 데도 직접 차를 몰고 갈 수 없다. 인생은 현재진행형이다. 무엇이든 부딪혀봐야 한다.

자기 통찰과 미래 설계가 분명한 사람들의 삶은 분명 다르다. 자신보다 조금 앞서 살아온 사람들의 지혜를 습득하면서 노력하는 사람들이 잘 산다.

나이 들어서도 개성을 살려 멋지게 살아가는 사람들이 많다. 나는 방송을 할 때 진중하게 말하기보다는 적절한 타이밍에 순발력 있게 멘트를 하는 경우가 많았다. 이러한 장점을 살려서 유튜브를 통해 즐거운 방송을 할 것이다.

60세 전후에 은퇴하고 10여 년을 살다가 세상을 마치던 시대는 끝났다. 은퇴 후에도 30년을 더 살아야 할 수도 있다. 나이가 들어도 새로운 것을 배우고 경험하기 위해 꾸준히 운동할 것이다.

한동안 '웰빙(well-being)'이란 단어가 유행했다. 웰빙은 한마디로 '잘 먹고, 잘 사는 것'을 뜻한다. 또 한때는 '건강하고 멋지게 나이 드는 것'을 의미하는 '웰에이징(well-aging)'이 주목받았다. 그런데 이제는 '잘 죽는 것', 즉 '웰다잉(well-dying)'이다. 웰다잉은 살아온 날을 정리하고 죽음을 준비하는 행위 일체를 포함한다.

2018년 우리나라 노인 사망자 수는 29만여 명으로 관련 통계 작성 이래 최다 인원을 경신했다. 고령 사회를 맞이해 이 같은 추세가 계속될 것으로 보인다. 그리고 지난해 출생자 수는 32만여 명으로, 태어나는 인구보다 생을 마감하는 인구가 더 많은 시대를 목전에 두고 있다.

존엄성을 지키며 인생을 아름답게 잘 마무리하고자 하는, 이른바 웰다잉의 중요성이 특히 강조되는 것도 이런 사회 변화에서 비롯되었다. 그런데도 '존엄한 죽음'을 맞이하기 위한 지원은 미미한 수준이다. 나는 연명 치료를 하지 않으려고 한다. 생명을 인위적으로 연장시켜 병상에서 목숨을 부지하고 싶지 않다. 멋지게 살다가 멋지게 죽고 싶다.

나는 아직도 꿈꾼다

죽는 순간까지 꿈꾸는 것을
멈추지 말자.

아침에 문득 눈을 떴을 때 '남은 인생 동안 무엇을 하며 살아야 할까?' 생각한다. 어떻게 살아야 보람을 느낄 수 있을까? 지금 잘 살고 있는 것일까? 젊을 때는 삶의 목표와 꿈을 실현하기 위해 달려왔다면, 지금은 무엇을 위해 살아가는 것일까?

나이가 들면 인생의 그림이 완성된다고 생각했다. 하지만 60세를 넘어 70세를 향해 가고 있는 지금도 어떤 그림을 그려야 할지조차 모르고 있다. 그러기에 아직은 살아서 하고 싶은 일도, 해야 할 일도 많다.

꿈과 목표는 전혀 다른 것이다. 일단 목표가 성취되고 열심히 하다 보면 꿈을 이룰 수 있다. 목표를 세우지 않으면 어떤 꿈도 이루어지지 않는다. 젊은 시절에는 꿈과 목표를 향해 나아가는 것이 무조건 잘 사는 것이라고 생각했다. 인류의 발전과 같은 큰 그림을 그린 적도 없는데 그렇게 직진했다.

방송국에서 프로그램을 만들고 아이들을 키우고 눈코 뜰 새 없이 바쁘게 살 때는 하루가 길고 지루했다. 힘들고 어려울 때도 이 시간이 얼른 가버리기를 바랐다. 그러다 문득 정신을 차려보면 시간이 훌쩍 지난 자리에 아쉬움만 가득했다.

노후를 준비하는 세대는 나와 같은 전철을 밟지 않기를 바란다. 조금 더 철저히 준비해야 행복한 노후를 보낼 수 있다. 나이가 들수록 마치 세월이 날아가듯 빨리 지나간다. 인생 2막을 멋지게 살아보자고 다짐했지만, 제대로 한 것 없이 시간만 흘러간다.

인생을 돌파하는 팁

어릴 때는 그저 책을 읽거나 글을 쓰는 것이 좋았다. 그러나 전문적인 작가가 되는 것은 또 다르다. 사춘기 시절 삶의 편린들을 시로 써보기도 하고, 그때의 느낌을 글로 표현해보기도 하지만 전문적인 문학인이 될 생각은 없었다.

교회 중·고등부 문화부장을 맡으면서 문학의 밤을 주관했는데, 오히려 문학적 소양보다는 목소리가 좋다는 이야기를 들었다. 대학에 입학하자마자 신입생들이 연극 공연을 하게 되었고 고려대학교 극회에 들어갔다. 그러면서도 글쓰기는 지속했다. 그러나 학교 신문 기자로 활동하다 보니 문학적 글쓰기하고는 영영 멀어졌다. 그 대신 육하원칙에 따라 팩트를 전달하는 데 충실한 글쓰기를 몸에 익혔다.

정년퇴직 후에 갑자기 전혀 다른 인생 2막이 열리는 것이 아니다. 그저 지금까지 살아온 삶의 연장선상일 뿐이다. 나는 어려운 일도 놀이처럼 할 수 있다. 아나운서로 근무할 때나 피디로 활동할 때도 전쟁터 같은 방송 현장에서 퍼즐 게임을 하듯이 즐겼다.

한동안 영자신문 보는 것이 취미였다. 전체적으로 기사를 봤다면 영어 실력이 엄청나게 늘었을지도 모른다. 하지만 나는 십자말풀이(Cross Word Puzzle)만 열심히 보았다. 가로세로 단어를 맞춰가면서 푸는 재미가 있었다. 하나를 풀다가 막히면 다른 곳을 풀고, 그러다 보면 자연스럽게 전체 단어가 연결된다.

내가 살아온 인생도 그런 듯하다. 뭔가 앞이 꽉 막히고 돌파구를 찾을 수 없을 때는 다른 곳으로 관심을 돌린다. 그러다 보면 자연스럽게 문제가 해결된다.

다양성을 향한 개방성

방송에서는 문어체보다 구어체를 써야 한다. 뉴스 프로그램에서는 아나운서가 최종 데스크이기 때문에 기본적으로 구어체에 익숙하다. 음악 프로그램에서 서정적인 멘트를 하는 것도 좋지만, 나는 옆사람에게 말하듯이 자연스럽게 말하는 것이 더 낫다고 생각한다.

은퇴를 하고 내가 사는 강서구에서 발행되는 구정신문 <강서까치뉴스>의 기자 모집에 지원해 합격했다. 기사는 문맥에 맞게 정확한 팩트를 전달해야 한다. 따라서 서정적이고 은유적인 글보다는 사실적인 글을 쓸 수밖에 없다. 하지만 딱딱한 글을 쓰다 보니 점점 더 서정적인 글쓰기에 끌렸다.

감성적이며 은유적인 글쓰기를 배우기 위해 유석초등학교 교장을 지냈고 동시 분야의 원로인 김종상 선생이 지도하는 문예창작 교실에 등록했다. 아들 승환이가 유석초등학교를 다니던 시절 교감선생님이어서 더 친숙했다. 어린이의 마음으로 접근하는 동시와 동화가 외국에는 별도의 장르로 분류되지 않는데, 우리나라는 다른 분야로 다루고 있다.

이성적이며 사실적인 것만을 추구했던 내가 인생 2막은 조금 다른 시각을 가지고 싶었다. 시를 통해 가슴속 밑바닥에 잠들어 있던 감성을 끄집어내는 것이다. 수업은 매주 자신이 쓴 글을 가지고 서로 합평을 하며 고쳐가는 방식으로 진행되었다.

나 같은 문외한에게는 조금 어색하게 느껴졌다. 그러나 이론을 백날 공부한들 좋은 시를 쓰는 것은 아니다. 다른 사람들의 작품을 합평하고 이론도 조금씩 배우다 보니 서서히 안목이 트였다. 이미 등단한 사람들도 있었고, 시로 등단을 했지만 수필이나 동시, 동화, 또는 소설을 쓰고 싶어서 온 사람들도 있었다.

문학계의 분위기도 조금씩 체득했다. 소위 문예 잡지나 전문지들은 재정이 어렵기도 하고 대중적이지도 못하다. 특히 요즘은 김소

월, 박목월, 박두진, 조지훈의 시처럼 서정적이고 일반인들도 쉽게 공감하는 현대시들이 별로 없다. 상징과 은유, 어쩌면 넋두리에 가까운 추상적인 시들이 많다. 작가가 표현하는 은유를 일반 독자가 알아차리기는 힘들다. 이것 또한 사람들이 시를 멀리하게 된 이유 중 하나가 아닐까.

지하철 안전문에는 시가 적혀 있다. 기성 시인의 시도 있지만 가끔 시민 공모작도 있다. 사람들이 전철을 기다리는 잠깐 동안 읽는 만큼 수사가 난무하기보다는 이해하기 쉽고 편안한 정서를 전달하는 시가 좋다.

2019년 서울시 지하철 안전문 시 공모전 소식을 접하고 나도 응모했다. 200여 개가 선정되었는데 우리 문예창작 교실에서 이미 시인으로 등단한 두 사람과 함께 나도 이름을 올렸다.

나는 어머니가 이불 홑청을 빨고 정성을 다해 풀을 먹이고 널었다가 접어서 다듬질을 하고 다시 말려서 꿰매는 장면을 시로 표현했다. 지금은 신대방역과 동대문역사문화공원역 등에 내 부끄러운 글이 걸려있다.

꿈꾸는 것은 늘 즐겁다

인생 2막에는 목표보다 방향이 더 중요하지만 공모전에 뽑히는 것과 같은 성과가 한두 개씩 쌓일 때 느끼는 감동도 있다. 작은 목표를 이루다 보면 어느새 습관이 되어 다음에는 조금 더 큰 목표를 이루고 싶은 마음이 생긴다.

시인으로 등단하는 것이 인생의 꿈은 아니었다. 다만 소소한 목표 중의 하나였다. 뭔가를 하나씩 이루고 쌓아나가면서 인생을 즐기며 살고 싶다. 젊을 때는 생활전선에 뛰어든다는 말처럼 전쟁터에 나가는 병사가 목숨을 바쳐 싸우겠다는 각오를 다지듯이 살았다.

인생 후반전은 유유자적하면서 사회봉사도 하고, 나를 돌아보며 좀 더 즐겁게 살고 싶다. 미래를 꿈꾸고, 벅차지 않은 목표를 세워가며 알차게 살고 싶다. 할 일은 많고 시간도 많다. 젊은 시절이었다면 '목표를 달성하지 못하면 어떡하지?' '낙오자가 되는 것은 아닌가?' 하고 조급하게 생각했을 것이다. 그러나 지금은 아니다. 그러면 그런 대로 이러면 이런 대로, 즐기고 꿈꾸며 살아간다.

에필로그

나보다 더 젊고 열심히 활기차게 자신의 세상을 만들어 가며 살고 있는 짱짱한 언니들이 수두룩이다.

그런데 감히 이런 글을 내가 쓰게 되다니……! 까칠하고 틱틱거리던 후배를 감싸주고 멘토가 되어주는 언니들! 나보다 앞서서 자신의 자리에서 정열적으로 살아가는 언니들이 진심으로 고맙다.

살다보면 나도 모르게 신세 지는 경우가 많다. 생각보다 소심한 나는 웬만하면 폐를 끼치지 않는다. 귀찮게 하지 않는다는 원칙 때문에 본의 아니게 다가가지 못하는 일도 생긴다. 그럴 때마다 주변의 많은 나의 사랑하는 선배 후배 가족들이 적극적으로 나를 이끌며 밀어주어서 이 자리까지 온듯하다.

흔쾌히 추천사를 써준 후배 김용신 아나운서, 김현정 피디, 필리핀에서 비전 트립 중에도 글 보내준 이왕재 교수님, 스탠드 업 코미디로 무대에 서고 있는 원조 개그맨 전유성 씨, 항상 미스터빈 닮은 소년 같은 미소로 겸손하게 살아가는 의사 정원석 원장, 그리고 연극 연습 때문에 정신없는 와중에도 글 보내준 손숙 선배님께도 감사의 말씀을 전한다.

아나운서 시절 후배지만 더블 MC로 같이 방송하면서 내 까탈스러움을 잘 커버해 주던 장승철 후배. 이제는 같이 익어가는 처지, 바쁜 일정에도 불구하고 밥 한 끼 먹자는 유혹에 넘어가 사진 잘 찍어 준 재주 많고 성실한 그에게도 감사. 글의 처음과 끝을 짚어 준 라온북 조영석 소장님과 책 예쁘게 빼준 편집자 분들에게도 모두 Thank You!

서로 다른 개성 때문에 티격태격하면서도 말없이 옆에서 지지해 주고 도와주는 내 짝꿍, 친구같이 늘 진심으로 지지해 주는 딸 수빈, 아들 승환 고맙다.

트래블 그레이

한경표 지음 | 17,000원

나이 들면 패지여행만 가야 한다고?
시니어도 자유여행을 즐길 수 있다!

예순이 넘은 나이에도 거침없이 자유여행을 떠나는 시니어 여행 전문가 한경표 저자가 아시아부터 미 대륙, 유럽까지 자신의 계획대로 행복하게 즐겼던 자유여행의 이야기를 한 권에 담았다. 또한 시니어에게 초점을 맞춰 이들이 여행하는 데 꼭 필요한 준비 방법을 함께 실었다. 이 책과 함께 비행기에 몸을 실어 아름다운 유럽 해안가를 드라이브하고 말로 표현할 수 없는 자연의 진면목을 깊숙이 느껴보길 바란다. 자유여행이 더 이상 어렵게 느껴지지 않게 될 것이다.

멋진 어른 여자

박미이 지음 | 13,800원

남들이 하는 대로 하지 않아도
멋진 어른 여자가 될 수 있다!

요즘 20대를 중심으로 소확행과 워라밸이 유행이다. 무라카미 하루키가 처음 말한 소확행, '내가 원하는 일을 하면서 즐겁게 사는 삶'이나 일과 삶의 균형을 중시하는 워라밸은 경쟁에 지친 현대인들에게 새로운 삶의 방식으로 자리 잡고 있다. 소확행, 워라밸의 삶을 꿈꾸는 20대에게 이 책은 좋아하는 일을 선택해 '나답게' 사는 방법을 소개한다. 내가 진짜 원하는 것을 찾는 법, 두려움 없이 그것을 선택하는 법, 좋아하는 일로 돈을 버는 법, 결정한 것을 후회하지 않고 꾸준히 해 나가는 법 등을 저자의 경험을 통해 쉽게 이해할 수 있도록 알려준다.